Margit Pieler • Günter Schicho

Aufsteigen ... in DEUTSCH 1

Rechtschreiben

So schaffst du die **1. Klasse HS/AHS**

und Neue Mittelschule

G&G

Symbolerklärung

Ü
1

Übungsaufgabe:
Die Übungen sind fortlaufend nummeriert, sodass du sie auch im Lösungsteil für die Kontrolle leicht wiederfindest. Einige Übungen kannst du im Buch erledigen (z. B. Ausfüllen von Lückentexten, Einsetzen in Spalten, Unterstreichen im Text), für andere Übungen ist es aber ratsam, dass du dir ein kleines Übungsheft anlegst.

In einem solchen Kästchen findest du **wichtige Kurzinformationen** und **leicht verständliche Erklärungen** zum jeweiligen Thema.

Wichtiger Merksatz! Guter Tipp! Merk dir das gut!

Wenn du Übungen in dieser Schrift siehst,
sind in den Texten Fehler enthalten, die du richtigstellen sollst!

Dem Buch ist ein Lösungsheft beigelegt, in dem alle Übungen dieselbe Nummer haben wie im Buch und genau ausgearbeitet sind.

Die Aufnahme in den Anhang zur Schulbuchliste für die 1. Klasse HS und AHS im Unterrichtsgegenstand Deutsch wurde vom Bundesministerium für Bildung, Wissenschaft und Kultur mit GZ 48.251/7-V/1/03 vom 9. Februar 2004 empfohlen.

www.ggverlag.at

ISBN 978-3-7074-0753-2
Schulbuchnummer 120559

In der aktuell gültigen Rechtschreibung

2. Auflage 2006, Nachdruck 2012 (2,06)
Illustrationen: Elena Obermüller
Satz: Manuela Strasser
Gesamtherstellung: Imprint, Ljubljana

Liebe Schülerin! Lieber Schüler!

Du hältst ein Übungsbuch in der Hand, das dir helfen soll, auf einfache Art und Weise in Deutsch aufzusteigen.
Wahrscheinlich bist du in Deutsch nicht so gut und musst daher zusätzlich zu deinen Schulaufgaben noch etwas tun. Vielleicht hat dir deine Lehrerin/dein Lehrer empfohlen, Grammatik oder Rechtschreiben mehr zu üben. Vielleicht fürchtest du sogar, heuer durchzufallen.
Mit „Aufsteigen in Deutsch – Rechtschreiben" und „Aufsteigen in Deutsch – Grammatik" ist das Üben ganz leicht! Der wichtigste Stoff der 1. Klasse ist hier zusammengefasst und du kannst ihn gut üben.

In sehr einfachen Merksätzen und mit leicht verständlichen Kurzinformationen werden dir hier die wichtigsten Kapitel des Stoffes der 1. Klasse HS und AHS erklärt. Es folgen Übungen in unterschiedlichen Schwierigkeitsgraden. Du kannst diese Übungen auch allein machen. Sie sind im Lösungsteil genau ausgearbeitet.

Wir wünschen dir viel Erfolg beim Aufsteigen in Deutsch!

Liebe Eltern!

Sie halten ein Übungsbuch in der Hand, das die Deutschkenntnisse Ihres Kindes mit einfachen Übungen und leicht verständlichen Merksätzen verbessern kann.
Die beiden Bücher „Aufsteigen in Deutsch – Grammatik" und „Aufsteigen in Deutsch – Rechtschreiben" sind auf die Lernziele, die Ihr Kind im 5. Schuljahr (1. Klasse HS und AHS) erreichen soll, abgestimmt.
Die Bücher sind so aufgebaut, dass ein Selbststudium durch die Lernenden möglich ist. Hilfe und Interesse seitens einer Lernbetreuung sind aber immer gut!

Zum Umgang mit diesem Buch:
Die Übungen der einzelnen Kapitel sind mit steigendem Schwierigkeitsgrad angelegt, sodass die Lernenden von leichten Anfangsübungen schrittweise zu komplexeren Aufgaben geführt werden. Jedes Kapitel wird mit einem einfachen Theorieteil eingeleitet. In schrittweisen Erklärungen und mit leicht verständlichen Kurzinformationen werden die theoretischen Voraussetzungen für die folgenden Übungen gelegt.
Die Übungen werden jeweils genau beschrieben und sehr oft beispielhaft vorgearbeitet. Im Lösungsteil ist jede Übung komplett ausgearbeitet. Die Beispiele sind so gewählt, dass sie eindeutig zu lösen sind und das Kind eine sichere Kontrolle hat.
Die Übungsbücher können auch als Nachschlagewerk bei etwaigen Fragen zu Grammatik und Rechtschreibung eingesetzt werden.
Zur Festigung und weiteren Überprüfung können die Übungstexte der beiden Bände für kurze Diktate verwendet werden.
Bei Schülern mit Schwierigkeiten in Deutsch kann durch das Hinführen zum Verständnis von grammatikalischen und orthografischen Zusammenhängen und durch gezieltes Üben eine merkliche Verbesserung erreicht werden.
Diese beiden Übungsbände helfen dabei!

Viel Erfolg für Ihr Kind wünschen Ihnen

Margit Pieler und **Günter Schicho**

Inhalt

Die Großschreibung

Großschreibung am Satzanfang, nach Doppelpunkt, in Überschriften und Buchtiteln

Groß schreibt man am Beginn eines Satzes (1.), nach Doppelpunkt bei wörtlicher Rede (2.) und nach Doppelpunkt, wenn ein vollständiger Satz folgt (3.).

Ebenso schreibt man das erste Wort einer Überschrift (4.) und eines Werk- oder Buchtitels (5.) groß.

Beispiele:

1. **M**it ihren Freunden gehen Thomas und Bernhard durch die Stadt. **D**abei begegnen sie ihrer Englischprofessorin.
2. Hanna rief ihrer Schwester laut zu: „**N**un ist das Essen fertig, Anja!"
3. Peter hatte mit seiner Mutter noch viel zu erledigen: **U**nter anderem mussten sie eine neue Maus für den Computer kaufen.
4. **D**ie Groß- und Kleinschreibung
5. „**A**m Montag ist alles ganz anders" (So lautet der Titel eines Buches von Christine Nöstlinger.)

Die Großschreibung von Nomen

Nomen (Namenwörter) werden immer großgeschrieben.

Nomen bezeichnen Lebewesen, Pflanzen, Tiere, Dinge, Gedachtes (z. B. der Bruder, die Tulpe, der Käfer, das Auto, die Zufriedenheit).

Woran erkennst du ein Nomen?

Ein Nomen erkennst du am **Artikel**, den es bei sich führt oder den du dir dazudenken kannst. Man unterscheidet den **bestimmten Artikel (der, die, das)** und den **unbestimmten Artikel (ein, eine, ein)**.

Viele Nomen lassen sich auch in den **Plural** (die Mehrzahl) setzen.

Ü 1

Schreibe die angeführten Nomen mit dem bestimmten Artikel auf und bilde die Mehrzahl, wo es möglich ist!

Beispiel:
das Haus – die Häuser, die Kirche – die Kirchen, das Glück – keine Mehrzahl

Löwe – Baum – Tante – Neid – Auto – Plakat – Hose – Bluse – Blume – Trauer

Nomen kannst du auch an folgenden **Nachsilben** erkennen:
-heit, -keit, -tum, -ung, -nis, -sal, -schaft, -in, -er, -erei

Beispiele:
die Blind**heit**, die Heiter**keit**, das Eigen**tum**, die Überleg**ung**, das Hinder**nis**, die Müh**sal**, die Freund**schaft**, die Näher**in**, die Plager**ei**, der Läuf**er**

Ü 2

Leite von den folgenden Wörtern Nomen ab! Verwende die Nachsilben -ung, -nis, -erei, und -er! Setze vor die Nomen den bestimmten Artikel!

ärgern	das Ärgernis	erklären	
kränken		schießen	
ereignen		erzeugen	
erleben		fischen	
begraben		vertreten	
landen		verstehen	

Ü 3

Leite von den folgenden Wörtern Nomen ab! Verwende die Nachsilben -tum, -sal, -heit, -keit, -e! Setze vor die Nomen den bestimmten Artikel!

krank	die Krankheit	fröhlich	
klug		laben	
reich		sparsam	
trüb		flach	
tief		flüssig	
gesund		trocken	

Ü 4 **Leite von den folgenden Wörtern Nomen ab! Verwende die Nachsilben -ling, -igkeit, -schaft! Stelle vor die Nomen den bestimmten Artikel!**

schwach	der Schwächling	schnell
wissen		früh
Freund		Meister
lieb		Nachbar
müde		feig
süß		genau

Ü 5 **In den angeführten Wörtern sind die Nachsilben durcheinandergeraten. Schreibe die Wörter mit dem jeweiligen Artikel richtig auf!**

1. Traurigtum
2. Erkenntschaft
3. Mannsal
4. Schickerei
5. Schlägheit
6. Freikeit
7. Wachsamnis
8. Ritterkeit
9. Zuverlässigschaft
10. Landkeit

Ü 6 **Löse die Wortschlangen auf, indem du die einzelnen Wortgruppen richtig aufschreibst! Achte auf die Großschreibung!**

Beispiel:
aufeinegutegelegenheitwarten – auf **eine** gute **G**elegen**heit** warten

diewirkungeinesmittelstesten – wichtigeerfahrungenaustauschen – dasergebnisbesprechen – aneinembegräbnisteilnehmen – jemandemseinedankbarkeitzeigen – eineverlobungfeiern – voneinemereignissprechen – einenirrtumzugeben – barmherzigkeitzeigen – ausdankbarkeitweinen – seinenreichtumbetonen – diesicherheitinfragestellen – großelustlosigkeitverspüren – zumtraininggehen

Ü 7

Schreibe die angeführten Sätze ab und achte auf die bisher gelernten Regeln der Großschreibung! Schreibe alle großen Anfangsbuchstaben in Farbe!

1. bei der ersten deutschschularbeit hatten wir eine erlebniserzählung zu schreiben.
2. die marktfrau sagte zu ihrer kundin: „das sind köstliche steirische äpfel."
3. astrid lindgren ist die verfasserin des kinderbuches „immer dieser michel".
4. vor lauter aufregung konnte mein bruder nicht richtig schlafen.
5. die erleichterung stand dem wanderer ins gesicht geschrieben, als er glücklich im tal ankam.
6. mein bruder hat zu weihnachten das buch „das austauschkind" von christine nöstlinger geschenkt bekommen.
7. die schülerin fragt den buslenker: „fährt der bus richtung wr. neustadt?"
8. die beschäftigung mit griechischer geschichte ist sein liebstes hobby.

Ü 8

Schreibe den angeführten Text ab und wende die bisher gelernten Regeln der Großschreibung richtig an! Schreibe alle großen Anfangsbuchstaben in Farbe!

eine tolle überraschung

am samstag in der vergangenen woche hatte ich geburtstag. schon tage zuvor war ich sehr aufgeregt. ich hatte nämlich nicht die leiseste ahnung, was ich von meinen eltern geschenkt bekommen würde. „womit werdet ihr mich heuer überraschen?", fragte ich sie. sie gaben mir aber nur zur antwort: „lass dich überraschen!"
schließlich war mein großer tag gekommen. am nachmittag riefen mich meine eltern ins esszimmer und dort lagen auf dem tisch mehrere geschenke. eine von meiner mutter gebackene torte, auf der groß die zahl 11 zu lesen war, stand daneben. aufgeregt riss ich ein päckchen nach dem anderen auf. das buch „robinson crusoe" kam ebenso zum vorschein wie eine cd meiner liebsten popgruppe und ein fahrradschloss.
voller freude fiel ich meinen eltern um den hals und bedankte mich herzlich. die torte ließen wir uns gut schmecken.

Verben werden zu Nomen

Verben (Zeitwörter) werden in der Regel kleingeschrieben. Sie können aber auch wie ein Nomen gebraucht werden (nominalisierte Verben). Dann werden sie großgeschrieben.

Wann werden Verben zu Nomen?

1. Ein **Artikel** steht vor dem Infinitiv (der Nennform) des Verbs.

   Beispiele:
   das Lachen, **das S**ingen, **das T**elefonieren

2. Ein **„versteckter Artikel“** (eine Verbindung von Vorwort und Artikel) steht vor dem Infinitiv des Verbs.
   „Versteckte Artikel“ sind:
   zum (= zu dem), **am** (= an dem), **beim** (= bei dem), **vom** (= von dem), **ans** (= an das), **ins** (= in das), **im** (= in dem) usw.

   Beispiele:
   zum Lesen, **beim T**anzen

3. Ein **Artikel** kann vor den Infinitiv des Verbs gesetzt werden.

   Beispiel:
   (Das) **S**chwimmen und (das) **R**adfahren sind meine liebsten Hobbys.

4. Ein **Fürwort** (Pronomen) oder ein **Adjektiv** (Eigenschaftswort) gehören zum Infinitiv des Verbs.

   Beispiele:
   langsames Fahren, **lautes L**achen, **dein T**ratschen, **unser S**chreien

Ü 9

Groß oder klein?
Setze in die Lücken das vorgegebene Verb ein! Gib bei der Großschreibung des Verbs in Klammer unter dem Satz an, warum du es großschreibst, d. h., welcher Fall zutrifft. Wird das Verb kleingeschrieben, mache einen Strich zwischen die Klammern!

Beispiel:
Peter und Maria versenden mehrere E-Mails.
(________________________________)
Das Versenden von E-Mails kostet nicht viel Geld.
(Fall 1: Ein Artikel steht vor der Nennform.)

lesen/Lesen

1. Das ______________ macht mir Spaß.
   (____)

2. Wir ______________ im Deutschunterricht jede Woche einmal.
   (____)
3. Trage ich beim ________________ keine Brille, so bekomme ich Kopfschmerzen.
   (____)
4. Zum ______________ ziehe ich mich meistens in mein Zimmer zurück.
   (____)
5. Die Lehrerin lobt den Schüler: „Dein ________________ ist schon bedeutend besser geworden!"
   (____)
6. Kannst du schon gut _____________?
   (____)
7. Mein Freund kann beinahe fehlerfrei _____________.
   (____)
8. Lautes ______________ wirkt auf mich ermüdend.
   (____)
9. Eine meiner liebsten Freizeitbeschäftigungen ist ______________.
   (____)

Ü 10

Bilde aus den kurzen Sätzen Wortgruppen mit nominal (als Nomen) gebrauchten Verben!

Die Kinder lachen. das **L**achen der Kinder
Das Mädchen weint. ______________
Das Auto quietscht. ______________
Die Bienen summen. ______________
Der Wind heult. ______________
Die Schüler singen. ______________
Der Bach plätschert. ______________
Das Schwein grunzt. ______________

Ü 11

Forme die Sätze der folgenden Übung so um, dass die Nennformen zu Nomen werden!

Beispiel:
Ich höre deutlich, wie das Handy läutet.
Ich höre deutlich das Läuten des Handys.

1. Es ist nicht erlaubt, in der Schulbibliothek zu essen und zu trinken.
2. Es ist nicht schwierig, einen Computer richtig zu bedienen.
3. Ich spüre, wie mein Herz schlägt.
4. Es ist schwierig, gute Salzburger Nockerln zu backen.
5. Es ist nicht ratsam, eine Kreuzung bei Rot zu überqueren.

Ü 12 **Im Haushalt gibt es viel zu tun. Mutter, die berufstätig ist, kann unmöglich alles alleine schaffen. Da heißt es mithelfen. Verteile die im Kästchen angeführten Aufgaben auf Vater, Mutter, Tochter und Sohn! Verwende nominalisierte Verben, wie es die Beispiele zeigen!**

Betten machen, Mistkübel ausleeren, Regale abstauben, einkaufen der Lebensmittel, Wäsche waschen, Haustiere versorgen, Geschirr abwaschen, Geschirrspüler ausräumen, Geschirrspüler einräumen, Tisch decken, kochen, Jause herrichten, aufwischen, Erlagscheine einzahlen und Briefe aufgeben ...

Beispiel:
Mutter übernimmt **das Staubsaugen**.
Vater ist zuständig für **das Bügeln der Wäsche**.
Die Tochter ist verantwortlich für **das Gießen der Blumen (das Blumengießen)**.
Zu den Aufgaben des Sohnes zählt **das Abtrocknen des Geschirrs**.

Ü 13 **Auf einem Bauernhof ist viel los. Viele verschiedene Tierlaute sind zu vernehmen.**

1. **Ordne den Tieren die entsprechenden Laute zu!**
2. **Gib an, welche Laute von welchen Tieren zu hören sind! Verwende die Verben als Nomen!**

Beispiel:
Katzen miauen – **das M**iauen der Katzen

wiehern – muhen – grunzen – blöken – bellen – miauen – meckern – gackern – gurren – schnattern – quaken

Katzen – Schafe – Hühner – Ziegen – Tauben – Hunde – Schweine – Gänse – Pferde – Kühe – Enten

Ü 14 **Ordne jedem Verb das entsprechende Adjektiv zu! Achte auf die Schreibung! Gehe so vor:**

beharrlich schweigen (Frage: Wie? – Kleinschreibung)
beharrliches Schweigen (Frage: Was? – Großschreibung)

1. laufen – 2. rufen – 3. arbeiten – 4. lesen – 5. vortragen – 6. schimpfen – 7. essen – 8. schreiben

1. schnell – 2. laut – 3. gewissenhaft – 4. stotternd – 5. leise – 6. ungerechtfertigt – 7. ständig – 8. schön

Schwierige Verbindungen von Nomen und Verb

Ein Nomen und ein nominal gebrauchtes Verb können ein **zusammengesetztes Nomen** bilden. Es wird **groß- und zusammengeschrieben**.

Beispiel:
Tennis spielen – das Tennisspielen – beim Tennisspielen – zum Tennisspielen
(**ABER:** Mein Bruder und ich gehen oft Tennis spielen.)

Ü 15 **Forme die Wendungen in Zusammensetzungen um, wie es das oben angeführte Beispiel zeigt! Achte auf die Rechtschreibung!**

Fußball spielen – Auto fahren – Schi fahren – Rad fahren –
Aufgabe machen – Gitarre spielen

Ü 16 **Groß oder klein? Zusammen oder getrennt?**
Schreibe die folgenden Sätze ab! Die fett gedruckten Fügungen sind jeweils richtig einzusetzen.

Beispiel:
Fußball spielen
Peter und Paul möchten gerne **Fußball spielen** gehen. Beim **Fußballspielen** heißt es, die Regeln zu beachten. Georgs liebstes Hobby ist (das) **Fußballspielen**.
(Man könnte einen Artikel vor die Zusammensetzung setzen.)

Schi fahren

Zum ________________ benötigt man eine entsprechende Ausrüstung. Barbara kann leider noch nicht ____________________. Sie wird das ________________ aber im nächsten Winter sicher lernen. Regelmäßiges ________________ verbessert die Kondition.

Aufgaben machen

Lernen und ____________________ gehören nicht zu Silvias liebsten Tätigkeiten. Trotzdem versucht sie sich beim ____________________ richtig zu konzentrieren. Mitten im ____________________ lässt sie den Bleistift fallen und läuft davon. Petra muss jetzt ihre __________________.

Ü 17

Übertrage den Text in Schreibschrift!

SNOWBOARDEN UND SCHIFAHREN MACHEN SPASS, WENN MAN SICH AN WICHTIGE REGELN HÄLT.

1. DAS BEACHTEN VON PISTENREGELN, MARKIERUNGEN UND HINWEISSCHILDERN WIRD VON JEDEM SCHIFAHRER ODER SNOWBOARDER ERWARTET.
2. ÜBERLEGTES HANDELN UND RÜCKSICHTSVOLLES VERHALTEN AUF DER PISTE SIND GEFRAGT.
3. VOR DER ERSTEN ABFAHRT SOLLTE MAN ÜBUNGEN ZUM AUFWÄRMEN MACHEN.
4. DAS ABSCHWINGEN OBERHALB DER GRUPPE IST STRENGSTENS UNTERSAGT.
5. DAS FAHREN KNAPP NEBEN DER LIFTSPUR KANN GEFÄHRLICH WERDEN.
6. REGELMÄSSIGES ÜBERPRÜFEN DER BINDUNGSEINSTELLUNG DURCH EINEN FACHMANN IST RATSAM.
7. BEIM QUEREN EINER SCHLEPPLIFTSPUR IST BESONDERS ACHT ZU GEBEN.
8. DAS SCHUSSFAHREN AUF ÜBERFÜLLTEN PISTEN GEFÄHRDET DICH UND ANDERE.
9. VORDRÄNGEN UND REMPELN SOLLTEN BEIM ANSTELLEN BEIM LIFT UNTER-LASSEN WERDEN.
10. DAS AUSSTEIGEN WÄHREND DER FAHRT MIT DEM SCHLEPPLIFT IST VERBOTEN.

(Achtung: „SS“ in Blockschrift kann auch für „ß“ stehen!)

Ü 18

Groß oder klein?
Setze die in Klammern geschriebenen Verben in der richtigen Schreibung ein!

1. Thomas geriet beim ________________ (klettern) ordentlich ins ________________ (schwitzen).
2. Dein ständiges ________________ (tratschen) geht ihm schön langsam auf die Nerven.
3. ______________ (zeichnen) und ______________ (werken) sind seine liebsten Unterrichtsfächer.
4. Durch regelmäßiges __________________ (üben) werden sich deine Noten in Mathematik bestimmt ______________ (verbessern).
5. Von weitem ist ein ______________ (dröhnen) und ______________ (klirren) zu vernehmen. Deshalb _____________ (schließen) meine Mutter das Fenster.
6. Das _______________ (abhören) von Nachrichten auf der Mailbox ist keine Hexerei.
7. Beim Hausarzt herrscht ein ständiges ______________ (kommen) und _____________ (gehen).
8. Meine Hobbys sind: ___________________, ________________, _________________ und _______________ (Schi fahren, singen, skateboarden, zeichnen).
9. Unser Turnprofessor legt auf gründliches _______________ (aufwärmen) großen Wert.
10. Sowohl das ______________ (laufen) als auch das ______________ (springen) macht uns großen Spaß. Vom _____________ (schwimmen) sind ebenfalls viele begeistert.

Adjektive werden zu Nomen

Adjektive (Eigenschaftswörter) werden wie Verben in der Regel **kleingeschrieben**.
Sie können in manchen Fällen allerdings **wie Nomen gebraucht werden (nominalisierte Adjektive)**. Dann werden sie **großgeschrieben**.

Wann werden Adjektive zu Nomen?

1. Ein **Artikel** bezieht sich auf das Adjektiv.

   Beispiel:
   der Langsame, der Kluge (aber: der langsame Läufer)

2. Ein **unbestimmtes Zahlwort** steht vor dem Adjektiv.
   Unbestimmte Zahlwörter sind:
   alles, etwas, nichts, wenig, manch(es), viel, allerlei, vielerlei ...

   Beispiel:
   viel Gutes, nichts Neues

Ü 19 **Verwende die angeführten Adjektive nominal (einmal davon mit Artikel, zweimal mit den vorgegebenen Zahlwörtern)!**

Beispiel:
gut – das Gute – alles Gute – nichts Gutes

lieb (nichts, manch) – süß (allerlei, etwas) – traurig (wenig, vielerlei) – sauer (viel, wenig) – brauchbar (etwas, manch) – angenehm (nichts, allerlei) – interessant (alles, viel) – lustig (wenig, manch)

Ü 20 **Finde das jeweilige Gegensatzwort!**

der Gute	der Böse	die Fleißige	
die Hässliche		der Verlogene	
der Brave		der Dumme	
der Arme		die Große	
der Zuverlässige		der Heitere	

Ü 21 **Setze Groß- und Kleinbuchstaben richtig ein! Schreibe die fett gedruckten Wendungen in dein Übungsheft! Achtung, einige Fallen sind eingebaut!**

Liebe Hanna!

Ich wünsche dir **alles __iebe und __ute** zu deinem 11. Geburtstag. Sicherlich bekommst du viele **__olle Geschenke** und **etwas besonders __eckeres** zum Essen **an deinem __roßen Tag.**
Das __eueste habe ich dir noch gar nicht erzählt. Zu meinem Namenstag haben mich meine Eltern **mit einem __leinen Tigerkätzchen** überrascht. So **etwas __üßes und __iedliches** habe ich noch nie gesehen. Ich habe ihm den Namen Tommy gegeben, denn es handelt sich um einen Kater. **Der __leine** – so nennt ihn mein Papa, weil er erst vier Wochen alt ist – macht mir viel Freude. **Viel __ustiges und __ufregendes** habe ich schon mit ihm erlebt. Damit ich bei seiner Pflege nichts falsch mache, habe ich bereits in einem Tierbuch nachgelesen. Darin habe ich **allerlei __nteressantes und __ehrreiches** über Katzen erfahren. Du musst jedenfalls bald zu Besuch kommen, damit du dir mein Haustier ansehen kannst.
Übrigens, in zwei Wochen ist Halloween. Hast du wieder Lust, mit mir und meinen beiden Freundinnen von Haustür zu Haustür zu ziehen und den Leuten **__üßes oder __aures** anzubieten? Gib mir Bescheid! Genieße deinen Festtag!

Liebe Grüße von deiner Freundin
Barbara

Großschreibung der Fürwörter der höflichen Anrede

Die **höfliche Anrede** eines Erwachsenen **(Sie, Ihr, Ihnen …)** wird immer großgeschrieben, z. B. in einem Brief oder in der wörtlichen Rede.

Die **vertrauliche Anrede (du, dir, dein, euch, euer …)** wird kleingeschrieben, kann aber in Briefen auch großgeschrieben werden. Wichtig ist, dass die Schreibung einheitlich ist, also entweder Groß- oder Kleinschreibung.

Beispiel:
Ich wünsche **dir/Dir** alles Gute zum Geburtstag.
Ich wünsche **Ihnen** alles Gute zum Geburtstag.
„Können **Sie** denn nicht grüßen?", sagte die Dame scharf zu dem Unbekannten.

Das persönliche Fürwort der Anrede

Fall	**Vertrauliche Anredeform** Einzahl / Mehrzahl	**Höflichkeitsform** Ein- und Mehrzahl
1. Nominativ (wer?)	du / ihr	Sie
2. Genitiv (wessen?)	deiner / euer	Ihrer
3. Dativ (wem?)	dir / euch	Ihnen
4. Akkusativ (wen?)	dich / euch	Sie

Das Possessivpronomen (besitzanzeigende Fürwort) der Anrede

Ich komme gern zu **deiner/eurer** Party.
Liebe Frau Berger, ich komme gern zu **Ihrer** Party.

Achtung:
Das persönliche Fürwort „sie“ darf nie mit der höflichen Anredeform „Sie“ verwechselt werden!

Beispiele:
Maria und Peter kommen gerade bei der Tür herein. Sind **sie** (Peter und Maria) im Tiergarten gewesen?
Die beiden haben die Wahrheit gesagt. Leider glaubt **ihnen** (den beiden) keiner.
Simon gibt Petra **ihren** (Petras) Bleistift zurück.

Ü 22

Setze das richtige Anredefürwort ein! Achte auf die jeweilige Situation! Überlege, wie jemand angesprochen wird!

1. Der Fernsehsprecher beendet seine Ansage mit folgenden Worten: „Liebe Zuseherinnen und Zuseher, ich wünsche _______ bei der nachfolgenden Sendung gute Unterhaltung!“
2. Michael fragt seine Mutter: „Hast _______ mein neues T-Shirt gesehen?“
3. Der Lautsprecher verkündet: „Bitte treten _______ zurück. Der Zug nach Salzburg fährt ein.“
4. „Warum musst _______ _______ immer das größte Stück Kuchen nehmen?“, fragt Hedwig ihren Bruder.
5. „Wer von _______ hat die schwierige Textaufgabe richtig lösen können?“, fragt die Mathematiklehrerin ihre Schüler.
6. „_______ Eltern haben _______ geschrieben!“, informiert Tante Edith ihren Neffen.

Ü 23

Setze in den folgenden Briefen die entsprechenden Fürwörter der höflichen Anrede ein!

Sehr geehrter Herr Prof. Aberl!

Da _____ der Leiter unserer Wintersportwoche sind, wenden wir uns mit einer großen Bitte an _____. _____ haben uns vor kurzem darüber informiert, dass es im Sportheim, in dem wir untergebracht sind, ein 10-Bett-Zimmer gibt. Wie _______ sicher bekannt ist, sind wir in unserer Klasse genau zehn Mädchen, und wir würden gerne zusammen dieses Zimmer belegen. Wir alle verstehen uns hervorragend und es wäre schade, wenn wir in verschiedenen Zimmern liegen würden. Wir hoffen, dass _____ unseren Wunsch erfüllen können.

Mit freundlichen Grüßen
die Schülerinnen der 2a

Sehr geehrte Frau Direktor Jakob!

Wir, die Schülerinnen und Schüler der 1b, möchten gerne unseren Klassenraum freundlicher gestalten, indem wir bunte Vorhänge aufhängen und die Klasse neu ausmalen. Dazu benötigen wir allerdings ______ Erlaubnis und ersuchen _____ daher, uns diese zu erteilen. Unser Klassenvorstand weiß bereits Bescheid und wird mit ______ noch ein Gespräch führen.
Wichtig ist, dass _____ wissen, dass der Schule keine zusätzlichen Kosten anfallen. Unsere Eltern wären nämlich bereit, die Vorhänge zu besorgen und sie zu nähen. Außerdem würde uns der Vater eines Schülers, der Maler ist, die Farbe gratis zur Verfügung stellen und uns beim Ausmalen helfen. Auch würden wir dafür sorgen, dass die Klasse gereinigt wird, nachdem wir ausgemalt haben. Das versprechen wir ______.
Wir hoffen, dass _____ unser Vorhaben erlauben.

Mit freundlichen Grüßen
die Schülerinnen und Schüler der 1b

Ü 24

Setze im folgenden Brief die richtigen Fürwörter der vertraulichen Anrede ein!

Lieber Thomas!

Am 31. Oktober findet bei mir zu Hause wie jedes Jahr eine tolle Halloween-Party statt. Natürlich bist _____ herzlich dazu eingeladen. Ich habe bereits eine entsprechende Dekoration für das Fest gebastelt und mir verschiedene Spiele überlegt. Vielleicht fällt _____ auch ein besonders lustiges Spiel ein. In diesem Zusammenhang hätte ich eine große Bitte an ______: Wärst _____ so nett und könntest _____ mir bei den Vorbereitungen für die Party helfen? Zwar unterstützen mich meine Eltern bei all den Arbeiten, aber _____ könntest sicher gute Dienste leisten. Vor allem hast _____ immer sehr gute Ideen. Übrigens, in einem Buch, das mir meine Tante geliehen hat, habe ich einige gruselige Geschichten gefunden, die ich _____ und den anderen Gästen gerne vorlesen möchte – natürlich nur bei Kerzenschein, damit es besonders schaurig wird. Ich hoffe, _____ hast gute Nerven.
Bring bitte ______ Lieblings-CDs mit, damit wir gute Musik hören können! Überlege _____, welche am besten zur Halloween-Party passen und eine gruselige Stimmung erzeugen! Die Party beginnt offiziell um 18 Uhr, das Ende habe ich für 21 Uhr angesetzt. Wenn _____ mir hilfst, kommst _____ natürlich schon früher. Meine Eltern haben erlaubt, dass _____ bei mir übernachten darfst. Ein Schlafsack liegt schon bereit. Vergiss nicht, ______ zu kostümieren. Ich möchte nämlich, dass sich nur Zauberer, Hexen und Vampire bei mir versammeln.

Auf ______ Kommen freut sich ______ Freund
Peter

Großer Schlusstest

Ü 25

Ziel ist es, dass du die folgenden Sätze fehlerfrei abschreibst. Beherrscht du alle Regeln der Großschreibung, darf kein Fehler passieren. Denke daran, dass SS in der Schreibschrift auch ß bedeuten kann!

1. „KÖNNEN SIE DENN NICHT AUFPASSEN?", FAUCHTE DER ALTE MANN DIE DAME BEIM EINSTEIGEN IN DEN ZUG AN. „KÖNNEN SIE DAS DRÄNGELN DENN NICHT LASSEN?"
2. REDEN IST SILBER, SCHWEIGEN IST GOLD. SO LAUTET EIN BEKANNTES SPRICHWORT. SIE VERSTEHT ES, ZUR RICHTIGEN ZEIT ZU SCHWEIGEN.
3. DAS WICHTIGSTE GUT DES MENSCHEN IST DIE GESUNDHEIT. SIE KANN MAN SICH LEIDER MIT REICHTUM NICHT KAUFEN.
4. PETER HAT BEREITS ALLES NOTWENDIGE FÜR DIE PARTY EINGEKAUFT. SEINE FREUNDE HABEN SICH SOWOHL SÜSSES ALS AUCH SALZIGES GEWÜNSCHT. DIE ZUFRIEDENHEIT STEHT IHM INS GESICHT GESCHRIEBEN.
5. VIELE MENSCHEN HABEN EIN SCHWERES SCHICKSAL ZU ERTRAGEN.
6. TUGENDEN WIE FREUNDLICHKEIT UND HÖFLICHKEIT SIND AUCH HEUTE NOCH GEFRAGT.
7. SIMONS LIEBSTES HOBBY IST FUSSBALLSPIELEN. ER DARF ABER ERST IN DEN HOF ZU SEINEN FREUNDEN, WENN ER DIE AUFGABE GEMACHT HAT.

Ü 26

Im folgenden Brief hat leider der Fehlerteufel zugeschlagen. Du findest 15 Verstöße gegen Regeln der Großschreibung. Unterstreiche die falsch geschriebenen Wörter! Schreibe die Sätze, in denen sich Fehler befinden, richtig heraus!

Liebe Frau Kummer!

Wir danken ihnen für ihren netten Brief, den Sie uns aus Saalbach geschrieben haben. Es freut uns zu Hören, dass Ihnen ihr Winterurlaub großen spaß macht. Wir beneiden Sie richtig. Wir sitzen an unserem Schreibtisch und lernen und Sie flitzen die tollsten Hänge hinunter. Gibt es etwas schöneres?
Wie geht es Ihnen eigentlich beim snowboarden? Machen Sie fortschritte? Wenn Sie mit ähnlicher begeisterung wie beim Schifahren bei der Sache sind, dann ist das sicher der Fall. Wir freuen uns schon auf einen gemeinsamen Schitag mit Ihnen.
Bei uns zu Hause läuft alles Hervorragend. Ihr Hund fühlt sich recht wohl in unserer Mitte. Zum fressen bekommt er von uns nur das beste. Dafür bedankt er sich nach jeder Mahlzeit mit lautem bellen. Geht er Ihnen schon ab? Genießen Sie die Ihnen verbleibenden Urlaubstage! Auf ein baldiges wiedersehen freuen sich ihre Nachbarskinder

Simon und Melanie

Doppelmitlaute (Doppelkonsonanten)

a, **e**, **i**, **o**, **u** nennt man **Selbstlaute (Vokale)**, weil sie allein, das heißt ohne zweiten Laut, gesprochen werden. Sie stehen für sich selbst.

b, **f**, **k**, **m**, **n**, **t**, **v** usw. nennt man **Mitlaute (Konsonanten)**, weil sie mit einem anderen Laut gesprochen werden.
Be, eF, Ka, eM, eN, Te, Vau

Ü 27 **Stelle fest, ob der fett gedruckte Vokal in den angeführten Wörtern kurz oder lang gesprochen wird! Ordne richtig in die Spalten ein!**

fa**ll**en – s**a**gen – w**o**hl – wi**mm**ern – der **O**fen – die Ra**tt**e – b**e**ten – das Be**tt** – **o**ffen – l**ie**gen – der S**e**gen – die Wo**ll**e

Wörter mit langem Vokal	**Wörter mit kurzem Vokal**
fr**a**gen	die Bi**tt**e

Fällt dir etwas auf? Folgende Regel lässt sich formulieren:

Doppelmitlaute (Doppelkonsonanten) stehen nur nach **kurz gesprochenem Selbstlaut (Vokal)**.

Es gibt folgende Doppelkonsonanten:

1. ff, ll, mm, nn, pp, rr, tt; bb, dd, gg;
2. ck und tz;
3. ss (siehe Kapitel s-Schreibung)

Ü 28

Ergänze die Tabelle! Achte darauf, wie der Vokal vor dem Konsonanten gesprochen wird! Achtung: Nicht immer steht ein Doppelkonsonant!

Beispiele:
beg**i**nnen – er beg**i**nnt – er beg**a**nn – er hat beg**o**nnen
(kurz gesprochener Vokal, daher überall Doppelmitlaut); der Beg**i**nn

tr**e**ffen – er trifft (kurz gesprochener Vokal) – er tr**a**f (lang gesprochener Vokal) – er hat getr**o**ffen (kurz gesprochener Vokal); der Treffpunkt

str**ei**ten – er str**ei**tet (lang gesprochener Vokal) – er stritt – er hat gestr**i**tten (kurz gesprochener Vokal); der Str**ei**t

Nennform (Infinitiv)	3. Person, EZ, Präsens	3. Person, EZ, Präteritum	3. Person, EZ, Perfekt	Nomen
nennen	sie nennt	sie nannte	sie hat genannt	die Genannte
	er schwimmt			der Schwi___er
		es brannte		der Bra___d
			er hat genommen	die Übernah___e
kennen				die Ke___zahl
	er kommt			das Einko___en
			er hat geschnitten	der Schni___
greifen				der Gri___
		er pfiff		der Pfi___
		sie fiel		das Gefä___e

Ü 29

1. **Setze die in Klammern geschriebenen Verben in der Präteritum-Form (Mitvergangenheit) ein!**
2. **Bilde danach von jedem Verb die erste und zweite Person Einzahl im Präsens! Überlege genau, ob der Konsonant verdoppelt wird oder nicht!**

Beispiel:
Nach fünfminütiger Verlängerung **pfiff** der Schiedsrichter das Spiel endlich ab. (pfeifen)
ich pfeife, du pfeifst

1. Schon seit mehreren Tagen ____________ die Menschen unter der großen Hitze. (leiden)
2. Erhobenen Hauptes ____________ die Prinzessin durch den Ballsaal. (schreiten)
3. Mit ihren Pferden __________ Sybille und Annika über Wiesen und Felder. (reiten)
4. Bernhard nahm Anlauf und ____________ mehrere Meter über das Eis. (gleiten)
5. Die Kuh trottete zur Tränke und ____________ einige Liter Wasser. (saufen)

Schaffte oder schuf? Schleifte oder schliff?

Von „schaffen" und „schleifen" gibt es jeweils zwei Möglichkeiten, die Präteritum-Form zu bilden. Es ist damit Unterschiedliches gemeint.

Beispiele:
schaffen – schuf – geschaffen:
etwas aus eigener Kraft hervorbringen, schöpferisch tätig sein
schaffen – schaffte – geschafft:
arbeiten, etwas zu Stande bringen, vollbringen, bestehen, beseitigen

schleifen – schliff – geschliffen:
etwas scharf machen, glatt machen
schleifen – schleifte – geschleift:
etwas nachziehen, niederreißen

Ü 30

Setze die richtige Präteritum-Form des in Klammer angegebenen Verbs ein!

1. Die Fahrradprüfung ____________ alle Schülerinnen und Schüler der Klasse beim ersten Anlauf. (schaffen)
2. Da das Messer schon recht stumpf war, ____________ es die Köchin. (schleifen)
3. Innerhalb weniger Tage ____________ der international bekannte Künstler ein neues Kunstwerk. (schaffen)
4. Ohne dass sie es bemerkte, ____________ ihr Mantel beim Gehen am Boden. (schleifen)
5. Er lief hin und ____________ das Hindernis schnell aus dem Weg. (schaffen)
6. Der Bergsteiger ____________ seinen Rucksack hinter sich her. (schleifen)
7. Der weltberühmte österreichische Komponist Wolfgang Amadeus Mozart ____________ zahlreiche Opern. (schaffen)
8. Bevor er den Parkettboden neu versiegelte, ____________ er ihn ab. (schleifen)

Achtung:
Es gibt auch viele Wörter mit kurz gesprochenem Vokal, auf den zwei verschiedene Konsonanten folgen.
Beispiele: Bleist**ift**, he**ft**ig

Folgende Regel kannst du dir merken:
Der Konsonant nach einem kurz gesprochenen Vokal wird nicht verdoppelt, wenn ein zweiter Konsonant folgt.

Ausnahme:
Verben mit Doppelkonsonanten in der Nennform weisen sie auch in der Personalform auf!

Beispiele:
er sollte (sollen), wir wollten (wollen), sie schleppte (schleppen), du schaffst es (schaffen)

Ü 31 **In den angeführten Wortschlangen haben sich Wörter mit kurz gesprochenem Vokal, aber ohne Verdopplung der Konsonanten versteckt. Schreibe sie auf! Setze vor die Nomen den Artikel! (Achtung: In den Wortschlangen sind die Nomen kleingeschrieben!)**

elternfilzmengestadtstrenglittschnapsumpf

luftklatschenheftighengstlüftengesamtstrandsamt

wendungerkältungfesthaltenmancherverständlich

folgengiftgespenstheftfaltengestaltungmeldenkalt

Wörter mit mm, nn, tt

Ü 32 **Finde zu den angeführten Wörtern Reimwörter! Die Anfangsbuchstaben helfen dir dabei.**

Kamm	Nummer	kennen
Stamm	Kummer	nennen
Lamm	Hummer	brennen
Schwamm	Summer	rennen
Schlamm	Schlummer	Hennen

Tonne	Butter	Watte
Sonne	Mutter	Matte
Wonne	Kutter	Latte
Nonne	Futter	Platte

O. F.

Wörter mit ff, ll, pp, rr

Ü 33

Finde Reimwörter und schreibe sie untereinander, nach Doppelmitlauten sortiert, auf!

Beispiel: Riff – Pfiff

Fall – schlaff – Stille – Kuppe – Lappen – plappern – Pfeffer – Karren – Treffer – gaffen – Kappe – Falle – murren – wippen – Stelle – Wille – Quelle – klappern – straff – knurren – Sippe – Welle – schaffen – Lippe – Zelle – Happen – Knall – Pappe – Truppe – Barren – kippen – Qualle

Ü 34

Setze die angeführten Wörter richtig in die Lücken ein!

LIBELLEN – PARTERRE (= Erdgeschoß) – SCHNURRBART – FELL – TURNHALLE – HERR – GRILLEN – ZIGARREN

1. ____________________ sind Insekten, die in erster Linie am Wasser leben.
2. Julian hat gestern in der ____________________ seine Uhr liegen gelassen.
3. ____________________ gehören zur Gruppe der Heuschrecken.
4. „Jemandem das _______________ über die Ohren ziehen" ist eine bekannte Redensart.
5. Manche Menschen rauchen lieber ____________________ als Zigaretten, beides ist jedoch ungesund.
6. Die Wohnung meiner Tante liegt im ____________________.
7. Am außergewöhnlichen ____________________ habe ich den Mann wiedererkannt.
8. ____________________ Huber ist unser nettester Nachbar.

Ü 35

Da stimmt doch etwas nicht! Setze die durcheinandergeratenen zusammengesetzten Nomen wieder richtig zusammen!

1. Flügelsuppe – Klippenzelle – Kürbismappe – Suppenrolle – Rippenteller – Brillenpullover – Wolletui – Gefängnisspringer – Schinkenprellung

2. Dürrenarr – Geschirrwaffe – Gitarrenschiff – Faschingsgriff – Türperiode – Affenpfiff – Schlusssaite – Dampfkäfig – Geheimtuch

Wörter mit bb, dd, gg

Ü 36 **In dem Kästchen sind zehn Wörter mit bb, dd und gg versteckt. Schreibe sie heraus! Die Angaben 1 bis 10 sollen dir bei der Suche helfen. Lies von links nach rechts, von oben nach unten!**

1. Maschine zum Heben und Bewegen von Erdreich
2. Das Gegenteil von Flut
3. Ein anderes Wort für Fahne
4. Bezeichnung für ein männliches Schaf
5. Eine Nachspeise
6. Eine Getreideart
7. Eine Hunderasse
8. Ein Ackergerät
9. Eine Rechenart (Zusammenzählen)
10. Ein Krebstier

E	B	B	E	B	E	I	D	W	O
Z	O	I	H	A	C	X	O	E	J
K	K	E	N	G	U	T	G	A	R
F	R	N	P	G	I	O	G	D	O
L	A	E	U	E	G	G	E	D	G
A	B	S	D	R	F	U	L	I	G
G	B	S	D	L	I	E	B	T	E
G	E	W	I	D	D	E	R	I	N
E	L	A	N	Ö	H	N	E	O	D
H	M	I	G	P	F	U	C	N	S

Ü 37 **Leite von den angeführten Wörtern (Adjektiv, Nomen) Verben ab!**

der Bagger	baggern	das Dribbling	
die Krabbelstube		kribbelig	
die Robbe		der Schmuggler	
die Addition		schwabbelig	
das Knabbergebäck		das Paddelboot	

Wörter mit drei gleichen Konsonanten

Treffen bei zusammengesetzten Wörtern **mehrere gleiche Konsonanten** aufeinander, so **bleiben sie erhalten.**

Beispiele:

der Balle**ttt**änzer	oder	der Ballett-Tänzer
der Ba**sss**änger	oder	der Bass-Sänger
die Schi**fff**ahrt	oder	die Schiff-Fahrt
das Fußba**lll**änderspiel	oder	das Fußball-Länderspiel

he**lll**icht, schne**lll**ebig, genu**sss**üchtig

Ü 38 **Bilde mit den Wörtern der rechten und der linken Spalte zusammengesetzte Nomen! Notiere beide Schreibmöglichkeiten!**

Beispiel:
Bett + Tuch = Be**ttt**uch oder Be**tt-T**uch

Gewinn	Flasche	______________________
Bestell-	Reiniger	______________________
Stoff	Tropfen	______________________
Sauerstoff	Liste	______________________
Fett	Turnen	______________________
Brenn-	Nummer	______________________
Schritt	Lampe	______________________
Wett-	Fetzen	______________________
Geschirr	Tempo	______________________
Kontroll-	Nessel	______________________

Wörter mit ck und k, tz und z

ck und **tz** sind Doppelmitlaute. Sie stehen nur nach **kurz gesprochenem Vokal**. Ein Zwielaut ist immer lang.

Auch folgende Regel kannst du dir merken:
Nach l, m, n, r, das merk dir ja, steht nie tz und nie ck!

ck und k

Fremdwörter werden in der Regel ohne ck geschrieben! (Ausnahme: Perücke)

Ü 39 **Hier findest du Wörter mit k und ck. Finde Reimwörter und schreibe sie untereinander heraus!**

krank – Laken – Schinken – Bank – Socken – gucken – zucken – Brücke – blinken – Schrank – Haken – spucken – bücken – backen – Mücke – sinken – schlank – Lücke – locken – schlecken – zücken – Stücke – hacken – lecken – winken – Rücken – pecken – packen – Zacken

Ü 40

Bilde mit den Wörtern aus dem ersten und dem zweiten Kästchen zusammengesetzte Namenwörter!

Unglücks-, Bett-, Wohnzimmer-, Werkzeug-, Schicksals-, Stock-, Tinten-, Speck-, Park-, Lenk-, Kleider-, Vorbild-

-schrank, -rabe, -tag, -bank, -klecks, -laken, -wirkung, -haken, -knödel, -rad, -kiste, -zahn

Ü 41

Setze richtig ein! k oder ck? Denke an die Regeln!

schau___eln, verste___en, hei___el, Unglü___, flin___, Fin___, geschi___t, qua___en, blö___en, Stär___e, Ku___u___, me___ern, Par___, Nel___e, verwel___t

Ü 42

1. **Ordne die angeführten Fremdwörter nach dem ABC! Schreibe sie in deinem Heft auf! Setze vor die Nomen die richtigen Artikel!**
2. **Bilde mit den angeführten Fremdwörtern zusammengesetzte Nomen! Verwende für Übung A die fett gedruckten Wörter, für Übung B die übrigen! (Bei Übung A ist das Fremdwort Bestimmungswort, bei Übung B Grundwort.)**

Schokolade, **Optiker**, **Sekunde**, Technik, **Doktor**, Anorak, **Krokodil**, Risiko, **Traktor**, **Musik**, Mechaniker, **Diktat**, Fabrik, Direktorin, **Produkt**, Lokomotive, Lokal, Inspektor

A:	B:
______ pudding	Falt ______
______ leder	Schul ______
______ führerschein	Daunen ______
______ heft	Auto ______
______ name	Schuh ______
______ titel	Volksschul ______
______ lehrer	Tanz ______
______ (n)zeiger	Unfall ______
______ lehre	Spielzeug ______

Ü 43 **Schwierige Wörter! Setze richtig ein!**

Wortfamilien: hacken – der Haken

1. Die Ha__e, die ich erst vor kurzem gekauft habe, liegt neben dem Ha__stock.
2. Wir werden bald eine Ha__schnitzelheizung bekommen.
3. Benutze den freien Kleiderha__en und hänge deinen Mantel dort auf!
4. Vater ist in der Hütte und ha__t Holz.
5. Tanja fragt ihre Freundin Carina, ob sie sich bei ihr einha__en dürfe, als sie die Schule verlassen.

Wortfamilien: backen – packen

1. Vor Weihnachten werden bei uns zu Hause viele Kekse ge__a__en.
2. Meine Mutter schiebt das __a__blech in das __a__rohr.
3. Hilfst du mir beim Koffer__a__en?
4. Manuel reißt die Chips__a__ung auf, ohne vorher gefragt zu haben.
5. Am Frühstückstisch stand ein Körbchen mit Brot und Ge__ä__ und daneben lag ein an mich adressiertes __ä__chen. (ABER: das Paket)

tz und z

tz steht nur nach kurz gesprochenem Vokal.

Ü 44 **Wörter mit tz: Bilde Verben!**

der Schutz	schützen	die Spitze	
die Verletzung		der Nutzen	
der Putz		der Kratzer	
die Spritze		der Blitz	
der Sitz		der Schmutz	(ver-)
der Einsatz		der Besitzer	

Ü 45 **Wörter mit z: Bilde Namenwörter! Schreibe den Artikel dazu!**

heizen	die Heizung	stürzen	
kreuzen		kürzen	
salzen		glänzen	
scherzen		pflanzen	
schmerzen		würzen	
seufzen		wälzen	
reizen		schnäuzen	

Ü 46

tz oder z? Setze richtig ein!

1. Thomas schma___te entse___lich laut, während er das zu wenig gesal___ene Wiener Schni___el verspeiste.
2. Die schwar___e Ka___e unseres Nachbarn se___te sich plö___lich auf den Hol___stoß.
3. Stol___ kam Fri___ mit mehreren essbaren Pil___en, die er im Wald gefunden hatte, nach Hause und nahm zufrieden auf der Si___bank im Garten Pla___.
4. Der Besi___er des Tan___lokals ist leider schwer gestür___t und liegt verle___t im Krankenhaus.
5. Das rei___ende Fräulein seuf___te laut auf, als zu guter Le___t auch noch die Hei___ung ausfiel.
6. An den Stur___ mit dem Fahrrad erinnerte nur mehr ein win___iger Kra___er am rechten Knie.
7. „Du musst die Suppe unbedingt noch ordentlich wür___en!“, sagt der schwi___ende Koch etwas gerei___t zu seinem Lehrling.
8. Den Wi___, den mir meine Freundin erzählt hat, habe ich mir leider nicht merken können.

Ü 47

Ordne die Nomen im linken Kästchen den Verben im rechten Kästchen richtig zu! Schreibe die Wendungen auf!

Beispiel:
einen Witz – erzählen: einen Witz erzählen

die Wohnung	aufsuchen	
eine Glatze	hinunterfallen	
die Treppe	aufsetzen	
die Suppe	putzen	
eine Mütze	stolzieren	
den Vorgesetzten	in Scheiben schneiden	
die Kerze	stehen bleiben	
einen Arzt	bekommen	
über den Hauptplatz	grüßen	
an der Kreuzung	ausblasen	
Weizenbrot	scharf würzen	

Großer Schlusstest

Ü

Wie wird das Wort geschrieben? Ergänze richtig!

l oder ll?

beste_en, zusammenpra_en, einscha_ten, das Gebrü_, die Erfü_ung, die Schu_ter, die Kä_te, der Kna_körper, der Zitronenfa_ter, das Ze_tlager, die Sonnenbri_e, der He_d, die He_igkeit, die E_tern, ge_ten, der Scha_ter-beamte, wo_en, erha_ten

r oder rr?

he_lich, die Behe_schung, die Verwi_ung, du_stig, der Ki_schke_n, ein dü_er Ast, die Ze_ung, die Hä_te, der I_tum, das Geknu_e, he_bstlich, der Hi_tenhund, der He_scher, die Schä_fe

m oder mm?

ste_en, die Hi_beere, der Fre_de, schu_eln, die Überschwe_ung, wir ka_en, nu_erieren, zusa_en, schi_pfen, sä_tliche Kinder, die Schwi_halle, i_pfen, die Briefmarkensa_lung, die Ku_ernu_er, die La_pe, das He_d, insgesa_t

n oder nn?

erke_en, die Spa_ung, der Verba_d, der Gewi_er, nieman_d, der Wi_kel, die Regento_e, das Bre_holz, der Gena_te, der Großbra_d, beka_t, si_ken, der So_enschirm, die Tischka_te, Do_erstag, wa_, das Wu_der, das Schire_en, besi_en

p oder pp?

aufpum_en, das Tre_engeländer, der Pu_enspieler, stol_ern, die Ka_e, verdo_eln, die Schreibtischlam_e, die Steinpilzsu_e, der Ho_serlauf, das Gi_sbein, zerlum_t, der Te_ichklopfer, der Baumwi_fel, der Pa_teller, hol_rig

t oder tt?

mi_nehmen, die We_ervorhersage, die Fahrradke_e, die Bi_e, anbie_en, zu dri_, das We_büro, bemi_leiden, die Mie_wohnung, der Ausri_, ausrei_en, das Bu_erbrot, die Mi_e, das Gebe_, das Fliegengi_er, betre_en, der Fußtri_, der Schni_, das Ra_espiel

f oder ff?

pfei_en, die Hil_e, der Pfi_, begrei_en, geschli_en, der Begri_, die Winter-rei_en, die Wa_e, schlei_en, der Grei_vogel, die Ho_nung, hel_en, die Sei_e, das Ri_, der Anru_, seu_zen, das Dampfschi_, der Pfe_erstreuer, der He_tumschlag, he_tig

Ü 49 Setze richtig ein! k oder ck?

1. Der Lehrer hat alle Übungen in meinem Heft abgeha*k*t.
2. Ich möchte den Kachelofen anheizen. Könntest du bitte das Holz ha*ck*en?
3. Die Eltern win*k*en ihren Kindern, die in einem Bus auf Sommerlager fahren, nach.
4. Die Nel*ck*en in der Vase sind leider schon verwel*k*t. *1F.*
5. Darfst du überhaupt schon ein Auto len*k*en?
6. Dieser A*ck*er wird gerade vom Bauern gepflügt.
7. Vor lauter Schre*ck* fiel ihm der Teller hinunter und zersprang in viele kleine Stü*ck*e.

Ü 50 Setze richtig ein! z oder tz?

1. Die Spi*tz*e von Peters Bleistift ist abgebrochen.
2. Maria blin*z*elt mit den Augen, weil sie direkt in die Sonne schaut.
3. Thomas wird wegen einer Blinddarmrei*z*ung ins Krankenhaus eingeliefert.
4. Heute dürfen wir die vierte Ker*z*e am Adventkran*z* anzünden.
5. Tro*tz* seiner Verle*tz*ung konnte er weiterfahren. *2F.*
6. Ins Haus unserer Tante hat beim le*tz*ten Gewitter ein Bli*tz* eingeschlagen.
7. Gan*z* richtig hast du die Aufgabe allerdings nicht gelöst!

Ü 51 ck oder k – tz oder z? Setze richtig ein!

Das S___elett

Das Gerüst, das unseren Körper stü___t, heißt S___elett. Es gibt ihm nicht nur seine Form, sondern schü___t wichtige Organe wie das Gehirn und das Her___, das ein kräftiger Mus___el ist und das Blut in jeden Win___el des Körpers pumpt.
Das S___elett besteht aus ein___elnen Knochen. Diese sind durch Gelen___e miteinander verbunden. Dadurch wird erreicht, dass es tro___ der harten Knochen sehr beweglich ist.
Das S___elett ist eine äußerst tragfähige Stru___tur und besteht aus ungefähr 200 verschiedenen Knochen. Schädel, Wirbelsäule, Rippen und Brustbein bilden den Hauptteil des S___eletts. Die Knochen der Arme, Schultern, Beine und des Be___ens sind an ihm befestigt. Der längste aller Knochen ist der Oberschen___elknochen.

s-Schreibung

Für den s-Laut gibt es drei verschiedene Schreibweisen: s, ss und ß.
Man schreibt für den **stimmhaften s-Laut s** (z. B. singen, die Reise).
Man schreibt für den **stimmlosen s-Laut ss** oder **ß** (z. B. wissen, der Gruß).

Wörter mit ss

ss steht nur nach **kurz gesprochenem Vokal**. Auch allen anderen Doppelkonsonanten – wir haben sie bereits kennen gelernt – geht ein kurz gesprochener Vokal voraus.

Beispiele:
die Nuss, fressen, massenhaft

Achtung:
Zwielaute (ai, ei, au, äu, eu ...) werden lang gesprochen!

Ü 52 **Finde zu den angegebenen Wörtern passende Reimwörter! Die Anfangsbuchstaben helfen dir dabei.**

lassen	**Pass**	**nass**	**müssen**
hassen	F	H	k
fassen	**Kuss**	**Verdruss**	**Klasse**
p	N	Schl	M
Rasse	**vermissen**	**hissen**	**essen**
T	w	K	m
Schüssel	**Presse**	**Fessel**	**Tintenfass**
R	M	S	Kontrab

Ü 53 **Bilde mit Wörtern aus dem ersten und zweiten Kästchen zusammengesetzte Nomen! Setze den Artikel davor!**

Beispiel:
Wasser – Hahn = der Wasserhahn

Klasse(n) – Rasse – Schloss – Messer – Schlüssel – Kuss – Biss – Pass

Kontrolle – Gespenst – Loch – Rücken – Wunde – Hund – Zimmer – Mund

Ü 54 **Bilde die Stammformen der vorgegebenen Verben!**

Beispiel:
wissen – wusste – gewusst (aber: ich weiß – lang gesprochener Vokal)

hassen – fassen – passen – küssen – vermissen – verbessern

Wörter mit ß

ß steht nur nach **lang gesprochenem Vokal**.
Als lange Vokale gelten auch Zwielaute (au, ei, äu ...).

Beispiele:
der Fuß, beißen, süß

Ü 55 **Bilde die Mehrzahl der angegebenen Nomen!**

Beispiel:
der Fuß – die Füße

Gruß – Maß – Spaß – Straße – Stoß – Soße

Ü 56 **Suche zu den angegebenen Verben im oberen Kästchen verwandte Wörter aus dem unteren Kästchen und schreibe sie auf!**

Beispiel:
büßen: Buße, Bußgewand

gießen – schließen – grüßen – spaßen – fließen
Schließfach – Grußwort – Spaßmacher – fließend – Gießkanne – verschließbar – spaßig – das Fließband – grußlos – Spaß – Gießerei – Grußformel – Schließung

In der gleichen Wortfamilie kann sich die Schreibweise ändern. Das hängt davon ab, wie der Vokal vor dem s-Laut gesprochen wird.

Beispiele:
grüßen – grüßte – gegrüßt, der Gruß
(Der Vokal vor dem s-Laut wird in allen Fällen lang gesprochen.)

schießen – schoss – geschossen, der Schuss
(Der Vokal vor dem s-Laut wird nur in der Nennform lang gesprochen.)

essen – aß – gegessen, das Mittagessen
(Der Vokal vor dem s-Laut wird bei der zweiten Stammform lang gesprochen.)

Ü 57 **Vervollständige die folgende Tabelle (Stammformen der Verben, Nomen)! Achte darauf, ob der Vokal vor dem s-Laut kurz oder lang gesprochen wird!**

genießen	genoss	genossen	der Genu
	hieß		die Verhei ung
schließen			der Schlu
		beschlossen	der Beschlu
süßen			die Sü igkeit
		gerissen	der Rei verschluss
	vergrößerte		die Vergrö erung
fressen			der Fra
	ließ		der Anla
vergessen			die Verge lichkeit
		gemessen	das Ma band
	biss		der Bei korb

Ü 58 **ss oder ß? Setze richtig ein! Achte darauf, wie der Vokal vor dem s-Laut gesprochen wird!**

1. Meine Mutter gibt statt Zucker Sü stoff in den Kaffee.
2. Mein Gott, bist du ein gefrä iger Kerl!
3. Die Lieblingsblumen meiner Tante sind Vergi meinnicht.
4. Der Bi einer Giftschlange kann tödlich sein.
5. Steig aufs Flo und halt dich gut fest!
6. Schon längere Zeit wei ich, dass ich zu Weihnachten ein neues Snowboard geschenkt bekomme.
7. Leider ist der Ri in der Wand grö er geworden.
8. Der Polizei ist es immer noch nicht gelungen, den Täter zu fa en.
9. „Legt bitte eure Hefte auf einen Sto !“, bittet der Lehrer seine Schüler.
10. Ihm wurde vor lauter Aufregung ganz hei .

Wörter mit s

s kann sowohl nach einem kurz als auch nach einem lang gesprochenen Vokal stehen. Es wird im Gegensatz zu ss und ß stimmhaft (weich) gesprochen.

Beispiele:
die Maus, wir lesen, die Brause

Diese Regeln kannst du dir merken:

1. Wird ein **Verb im Infinitiv mit s** geschrieben, behält es das **s in allen Zeitformen**.

   Beispiel:
   le**s**en – la**s** – gele**s**en (daher auch: das Le**s**ezeichen)

2. Kommt ein **s-Laut vor einem t**, wird **meistens** ein **st geschrieben**.

   Beispiel:
   der Geist, meistens, leisten

   Wann ist dies nicht der Fall?
   - **sst** kommt nur in Verben vor, die **im Infinitiv ss** aufweisen (messen, er misst).
   - **ßt** kommt nur in Verben vor, die **im Infinitiv ß** aufweisen (gießen, er gießt).

Ü 59 **Vervollständige die folgende Tabelle! Beachte besonders Regel 2!**

		genieselt	der Nie___elregen
lösen			die Lö___ung
	brauste		die Brau___e
	blies		das Geblä___e
		gereist	die Rei___e
beweisen			der Bewei___
		gesaust	der Sau___ewind
verlosen			die Verlo___ung
	speiste		die Spei___ekarte
rasen			der Ra___er

Ü 60 **Bilde von den folgenden Nomen den Plural (die Mehrzahl)!**

der Kreis	die Kreise	die Reise
die Speise		der Preis
das Los		das Gras
der Riese		die Meise

Ü 61 **Bilde von den folgenden Nomen den Plural! Achte auf die Schreibung (kurzer Vokal)!**

das Erlebnis	die Erlebnisse	das Gefängnis
der Iltis		das Geheimnis
das Zeugnis		das Verzeichnis
der Autobus		der Kürbis
das Ereignis		das Begräbnis
das Hindernis		die Kenntnis

Ü 62 **Da stimmt doch etwas nicht! Schreibe die zusammengesetzten Wörter richtig auf! Achte auf den Artikel!**

der Glaskocher – das Riesengulasch – die Hosenschildkröte – die Hausbeine – das Speiseloch – der Dosenregen – die Leseflasche – das Gaszeichen – der Nieselkürbis – der Mausbewohner

s – ss – ß

Ü 63 **Schwierige Wörter, die oft falsch geschrieben werden. Ordne sie nach dem ABC! Unterstreiche den s-Laut oder schreibe ihn in Farbe! Lass dir diese Wörter immer wieder ansagen!**

(ein) bisschen – deshalb – schließlich – nirgends – meistens – bisher – außerhalb – regelmäßig – missverstehen – interessant – niesen – Fliesen – außen – draußen – (am) besten – Misserfolg – fast (= beinahe) – übrigens

Ü 64

Setze den richtigen s-Laut (s, ss, ß) in die angeführten Redensarten ein!

1. Wa___ du heute kann___t besorgen, da___ verschiebe nicht auf morgen!
2. E___ wird nicht___ so hei___ gege___en, wie e___ gekocht wird.
3. Schmerz, la___ nach!
4. Ohne Flei___ kein Prei___!
5. Den Letzten bei___en die Hunde.
6. Wa___ ich nicht wei___, macht mich nicht hei___.
7. Der Krug geht so lange zum Brunnen, bi___ er bricht.
8. Hunger i___t der be___te Koch.
9. Ein gute___ Gewi___en i___t ein sanfte___ Ruheki___en.
10. Auch Spa___ mu___ sein!
11. Es i___t noch kein Mei___ter vom Himmel gefallen.
12. Glück und Gla___, wie leicht bricht da___!

Ü 65

Setze s, ss und ß richtig ein!

Ein Schlo___gespenst auf Rei___en

E___ war einmal ein Schlo___gespen___t namen___ Simon Grusel. Es ging noch zur Gespensterschule, die aber seit acht Wochen geschlo___en war. Es waren nämlich Ferien. Diese dauerten Simon aber schon zu lange. Er vermi___te seine Freunde und au___erdem langweilte er sich fa___t zu Tode. Ins elterliche Schlo___, das zu einer Frühstückspension umgebaut worden war, hatte sich schon lange kein Ga___t mehr verirrt, den man in der Nacht hätte erschrecken können.
So bat Grusel junior seine Eltern um Erlaubni___, seinen Gro___vater zu besuchen. Schnell war alles besprochen und so konnte die Rei___e lo___gehen. Wohin? In die Hauptstadt des Lande___! Wie konnte einem dort langweilig werden? Gro___vater Grusel trieb am Hauptbahnhof allabendlich bei den Schlie___fächern sein Unwe___en. Mit Vorliebe erschreckte er Menschen, die abend___ noch schnell dort ihr Gepäck verstauten. Nun brachte der Besuch Simon zwei Vorteile: Er sah ersten___ seinen lieb___ten Verwandten endlich wieder und bekämpfte zweiten___ seine Langeweile. Aber es gab noch einen dritten Vorteil. Unser junges Gespenst hatte im Zeugni___ im Fach „Erschrecken von Menschen" nur ein Befriedigend bekommen. Ansonsten hatte Simon nur Einser und Zweier. Das durfte im nächsten Schuljahr nicht mehr pa___ieren! Mit seinem Gro___vater wollte er nun brav üben, war der doch Mei___ter dieses Faches. Das wu___te Simon nur allzu gut. Kein Gespenst konnte sich be___er heimlich anpirschen und dann plötzlich lo___heulen als er, keiner konnte durch seinen schaurigen Gesang eine schlimmere Gän___ehaut hervorrufen als er und keiner konnte den Leuten die Haare schlimmer zu Berge stehen la___en als er! Und wirklich! Simon wurde von Tag zu Tag be___er, vor allem erhielt er viele wertvolle Tipps. Das Erschrecken der Leute bereitete ihm immer mehr Genu___ – den Menschen allerdings weniger. Die ergriffen mei___t Hals über Kopf die Flucht. Das war Gro___vater und Enkel Grusel allerdings egal – schlie___lich waren sie doch Gespenster und hatten miteinander Spa___. Au___erdem ging es um Simons nächstjährige Zeugni___note.
Aber wie alles Schöne einmal zu Ende geht, so kam auch für Enkel Grusel der Tag des Abschieds. Die Gespensterschule sollte wieder beginnen. Mit herzlichen Grü___en an seine Eltern, ein paar Tränen in den Augen, aber guter Dinge, was das kommende Schuljahr betraf, kehrte er wieder heim. Er versprach, in den nächsten Ferien wiederzukommen.

Großer Schlusstest

Ü 66 **In der folgenden Tabelle finden sich acht Rechtschreibfehler. Finde und unterstreiche sie! Schreibe die Wendungen danach richtig darunter!**

köstliche Nußkipferl	er laß fließend	ein blases Kind
Preisnachlass erhalten	jemanden stoßen	Flüsse umleiten
große Gewissensbisse	schließlich und endlich	den Rasen mähen
einen Freund trösten	die Strasse überqueren	den Kessel schließen
er saß bequem	eine süße Mehlspeise	Essig kaufen
schwere Lasten tragen	interesante Versuche	sie grüßte freundlich
Moos sammeln	am besten aufpassen	Auslandsreisen buchen
laut niessen	eine Lößung finden	Fussball spielen

Ü 67 **Sprichwörter, die eigentlich niemand kennt. Auch Spaß muss sein! Setze s, ss und ß richtig ein!**

Wechseln mu___ man na___e Socken,
werden sonst lange nicht mehr trocken.

Sitzt im Bu___ ein Rie___e,
flüchte auf die näch___te Wie___e!

Blä___t der Wind so durch die Ga___en,
versuche einen Pa___ zu fa___en!

Dreht die Lau___ sich wild im Krei___,
wird ihr unerme___lich hei___.

Schläf___t du gut auf deinem Ki___en,
wirst den Gei___t du nicht vermi___en.

Grü___t du mit dem Elefantenrü___el,
sau___t herbei die Frau mit einer Schü___el.

das und dass

das

Wenn man statt **das „dieses“, „dies“, „es“** oder **„welches“** sagen bzw. einsetzen kann, schreibt man **das**.

Statt **das** kann man in der Mundart auch **„des“** oder **„das was“** sagen!

Beispiele:

Das (= dieses) Handy, **das** (= welches) ich im Umkleideraum gefunden habe, gehört Peter.
Bist du wirklich der Meinung, **das** (= dies) sei gerecht?
Ich habe die Aufgabe, **das** (= dieses) Kleingeld zu zählen.

Ü 68

Verbinde die Sätze miteinander, wie es dir das Beispiel zeigt! Achte auf die Beistrichsetzung!

Beispiel:
Simon trägt das schwere Paket. Simon hat das schwere Paket vom Postamt abgeholt.
Simon trägt das schwere Paket, **das** er vom Postamt abgeholt hat.

Das Auto steht vor dem Haus. Das Auto gehört meinen Eltern.
Das Auto, **das** vor dem Haus steht, gehört meinen Eltern.

1. Das Buch gehört meiner Mutter. Das Buch liegt auf dem Nachtkästchen.
2. In unserem Garten steht seit kurzem ein kleines Gartenhäuschen. Mein Vater hat das Gartenhäuschen ausgesucht.
3. Das Mädchen ist neu in unserer Klasse. Das Mädchen trägt den Namen Veronika.
4. Ich wünsche mir zu meinem Geburtstag ein neues Fahrrad. Das Fahrrad soll mindestens zehn Gänge haben.
5. Unter dem Christbaum liegt ein großes Geschenk. Das Geschenk gehört mir und meinem Bruder.
6. Meine Eltern haben ein altes Haus gekauft. Das Haus war mehrere Jahre unbewohnt.
7. Thomas zeigt seinem Freund sein neues Spielzeugauto. Er hat das Spielzeugauto von seinem Taufpaten bekommen.
8. Jasmin möchte ihr Skateboard verkaufen. Das Skateboard ist bereits drei Jahre alt.

dass

Wenn man weder **„dieses“**, **„dies“**, **„es“** oder **„welches“** sagen bzw. einsetzen kann, schreibt man **dass.**
Es handelt sich dann um ein Bindewort.

Beispiele:

Ich bin ziemlich sicher, **dass** wir das (= dies) schaffen werden.
Der Lehrer meint, **dass** wir alle gut abgeschnitten hätten.
Dass das (= dieses) Haus sehr alt ist, sieht man ihm an.

Nach Wörtern wie behaupten, erklären, glauben, hoffen, meinen oder wissen folgt oft ein untergeordneter Satz. Er wird mit „dass“ eingeleitet.

Beispiel:
Der Wissenschaftler erklärt, dass er eine neue Erfindung gemacht hat.

Ü 69 **Verbinde die einzelnen Sätze richtig miteinander und schreibe sie auf!**

Peter berichtet stolz,	dass sie nächste Woche wieder gesund sein wird.
Meine kleine Schwester verspricht,	dass sie viel Geld bei ihrem Flohmarkt einnehmen werden.
Hanna glaubt,	dass er einen Einser auf die Schularbeit bekommen hat.
Die Polizei vermutet,	dass sie im Juni mit ihrem Lehrer auf Wandertag gehen.
Die Pfadfinder hoffen,	dass sie in Zukunft beim Überqueren der Straße besser Acht gibt.
Den Fahrgästen wird mitgeteilt,	dass sie mich heute Nachmittag besuchen kommt.
Die Schüler der 1 c wünschen sich,	dass der Zug nach Wien heute auf Gleis fünf einfährt.
Meine Freundin verspricht mir,	dass mindestens zwei Verbrecher den Einbruch verübt haben.

Ü 70

dass oder das? Setze richtig ein! Als Hilfe ist die Anzahl genau angegeben. Streiche jeweils das Wort weg, wenn du es verwendet hast!

dass dass dass dass dass das das das das das das

1. Es freut mich außerordentlich, ______ du mich zum Konzert begleitest.
2. Das T-Shirt, ______ du trägst, passt dir ausgesprochen gut.
3. ______ die Sommerferien nicht mehr weit sind, freut nicht nur mich.
4. „Auf ______ Abendprogramm bin ich schon gespannt“, meinte ein Junge am letzten Tag des Pfadfinderlagers.
5. Dummerweise hatte sie vergessen, ______ sie schon um acht Uhr zu Hause hätte sein müssen.
6. „Zähle ______ Geld bitte nach!“, bat Daniela ihre Sitznachbarin.
7. ______ Haus, ______ am Ende der Straße steht, ist unseres.
8. Niemand hatte gewusst, ______ er im Lotto gewonnen hatte.
9. Jenny heißt ______ Pferd, mit dem Barbara am liebsten ausreitet.
10. Die Nachrichtensprecherin teilte mit, ______ viel Geld für die Aktion „Licht ins Dunkel“ gespendet wurde.

Ü 71

dass oder das? Setze richtig ein!

1. Ich habe dir doch gesagt, ______ du ______ Buch mitnehmen sollst!
2. ______ ist ______ Kind, ______ gestern im Fernsehen aufgetreten ist.
3. Wir hoffen, ______ wir ______ Paket heute noch erhalten.
4. Meine Mutter bezweifelt nicht, ______ ______ wahr ist.
5. ______ Schönste an den Ferien ist, ______ wir in der Früh nicht zeitig aufstehen müssen.
6. ______ ist ______ Lineal, ______ der Schüler gestern verzweifelt gesucht hat.
7. Wir gehen an dem Geschäft vorbei, ______ meiner Tante gehört.
8. ______ Simone eine gute Schwimmerin ist, ______ weiß jeder in unserer Klasse.
9. Wir freuen uns darüber, ______ uns unsere Tante besuchen kommt.
10. ______ Kätzchen, ______ uns gestern zugelaufen ist, gehört einer älteren Dame in unserer Gasse.

Ü 72

das oder dass? Setze richtig ein!

Mein Skateboard

______ ist ______ Skateboard, ______ ich von meinem Onkel zum Namenstag geschenkt bekommen habe. ______ es ______ tollste Geschenk ist, ______ ich seit langem erhalten habe, ______ brauche ich euch wohl nicht zu sagen. Meine beiden jüngeren Geschwister beneiden mich etwas darum. Für mich ist es aber selbstverständlich, ______ ich sie auch ab und zu damit fahren lasse. ______ schwierigste Kunststück, ______ ich bis jetzt beherrsche, ist, über eine Rampe zu springen. ______ hat mir mein bester Freund Bernhard vor kurzem beigebracht. ______ ich vorhabe, noch viele weitere Kunststücke zu lernen, ______ ist klar. Schließlich möchte ich doch bald eine gute Figur im Skaterpark machen.

Großer Schlusstest

Ü 73 **das oder dass? Setze richtig ein!**

______ verhexte Lesebuch

______ ist ______ Lesebuch, ______ wir im Deutsch-Unterricht verwenden. ______ es aber kein gewöhnliches Lesebuch ist, ______ ist mir vor einiger Zeit aufgefallen. „______ ist bestimmt verhext, ______ sage ich dir!“, habe ich unlängst zu meiner Mutter gesagt. ______ glaubte sie mir aber nicht. Ich bin aber ziemlich sicher, ______ ich Recht habe. ______ Eigenartigste am Lesebuch ist nämlich, ______ es manchmal aus der Schultasche verschwindet, obwohl ich es zu Hause für die Schule eingepackt habe. ______ hat dann zur Folge, ______ mich meine Lehrerin zurechtweist, weil ich es vergessen habe. Sage ich ihr aber, ______ ich es sicher eingepackt habe, meint sie: „______ nehme ich dir nicht ab, ______ kannst du jemand anderem erzählen!“ ______ finde ich unfair. Außerdem geht mein Lesebuch anscheinend gerne auf Reisen. Schon mehrmals ist es vorgekommen, ______ es im Rucksack meiner Freundin verschwunden ist. Sie hat es mir jedes Mal kopfschüttelnd mit dem Kommentar zurückgegeben: „______ kann ich mir nicht erklären!“ Auch ich konnte ______ nicht. Bis jetzt ist es aber Gott sei Dank immer wieder aufgetaucht. Ich hoffe, ______ ______ so bleibt.

Hast du eigentlich auch so ein eigentümliches Lesebuch, ______ du dich fragst, ob es verhext ist?

Ü 74 **das oder dass? Streiche das falsche Wort weg!**

1. Das/Dass Peter viel für den Geografie-Test gelernt hat, das/dass kann seine Mutter bestätigen.
2. Es freut uns sehr, das/dass du das/dass Wochenende bei uns genossen hast.
3. Das/Dass ist das/dass Bild, das/dass morgen versteigert werden soll.
4. Die Mutter läuft schnell ins Haus, denn sie hört das/dass Baby schreien.
5. Das/Dass ist das/dass Fotoalbum, das/dass ich schon so lange gesucht habe.
6. „Ich glaube nicht, das/dass sich das/dass Wetter ändern wird“, meint der erfahrene Bergführer.

Die Dehnung

Die Selbstlaute (Vokale) a, e, i, o, u können lang oder kurz (siehe Kapitel „Doppelkonsonanten“) gesprochen werden.

- Doppelvokale (aa, ee, oo),
- Dehnungs-h,
- langes i (= ie)

zeigen an, dass ein **Vokal lang gesprochen** wird.

Es gibt auch viele **Wörter mit lang gesprochenem Vokal ohne besonderes Dehnungszeichen** (z. B. Glas, lesen, süß). Zwielaute (ei, ai, eu, äu, au) werden gedehnt gesprochen.

Wörter mit Doppelvokal: aa, ee, oo

Ü 75

In diesem Kästchen verstecken sich vier Wörter mit oo und acht Wörter mit aa. Lies von links nach rechts und von oben nach unten! Schreibe die Wörter heraus!

S	H	W	S	U	A	H
A	P	A	A	R	A	A
A	M	A	A	X	S	A
L	O	G	T	V	B	R
A	O	E	M	O	O	S
A	R	X	B	Z	O	O
L	S	T	A	A	T	K

Saal Staat
Boot Moos
Zoo Waage
Moor Paar
Haar Aal
Saat Aas

Ü 76

Wie heißen die zusammengesetzten Wörter mit ee richtig? Setze die Bestandteile richtig zusammen!

Blumenpüree – Märchenbeet – Kastanienfee – Schneebeutel – Kaffeefall – Speerkanne – Seespitze – Erdäpfelbeere – Alleerose – Stacheltee

Ü 77

Ordne die acht angeführten Nomen mit ee nach dem ABC in die Tabelle ein!

Leere – Moschee – Meer – Idee – Klee – Heer – Teer – Armee

					E	E		
					E	E		
					E	E		
					E	E		
					E	E		
					E	E		
					E	E		
					E	E		

Paar oder paar?

Paar = zwei Lebewesen; Dinge, die zusammengehören (z. B. ein Paar Handschuhe)
paar = einige (z. B. ein paar Steine)

Ü 78

Setze das richtige Wort in die angeführten Sätze ein!

1. Wir brauchten noch ein ________ Kastanien, um weiterbasteln zu können.
2. Wer von euch will das letzte ________ Würstel essen?
3. Stelle bitte dein neues ________ Schuhe in den Kasten! Hier ist es im Weg!
4. Seit ein ________ Tagen ist der Straßentunnel gesperrt.
5. „Bitte das erste ________ an den Start! Es geht in einer Minute los!“, verkündete der Turnlehrer.
6. Nur ein ________ Leute waren zum Vortrag des Arztes in das Stadtzentrum gekommen.
7. In meinem Sparschwein befinden sich ein ________ Euro-Münzen.
8. Die Teilnehmer des Kurses stellten sich zuerst paarweise hintereinander auf. Danach musste ein ________ nach dem anderen die Übung ausführen.

Achte auf die Schreibung beim Wort **Pärchen**!
Ähnlich ist es beim Wort **Härchen**. Die Mehrzahl von Saal lautet **Säle**.

Wörter mit h

Ü 79

Schreibe die Stammformen der Verben in die Tabelle (Nennform, Mitvergangenheit, 2. Mittelwort).

Nennform	Mitvergangenheit	2. Mittelwort
geschehen	geschah	geschehen
kehren		
stehlen		
fehlen		
zahlen		
nehmen		
fliehen		
erfahren		
drehen		

Ü 80

Leite von den angegebenen Verben Nomen (Artikel dazuschreiben!) und von den angegebenen Nomen Verben ab!

Verb	Nomen	Verb	Nomen
ruhen	die Ruhe	wählen	
belohnen		gewöhnen	
erzählen		zählen	
vermehren		beruhigen	
ermahnen		befehlen	

Nomen	Verb	Nomen	Verb
das Benehmen	benehmen	das Gefühl	
das Gefährt		der Fernseher	
die Ahnung		die Berührung	
der Verkehr		die Kehrmaschine	
die Wohnung		die Zahlung	

Ü 81

Finde die Reimwörter und schreibe sie untereinander auf! Ordne sie nach Nomen und Verben!

Zahl – stehen – versöhnen – Sohn – Wahl – Sahne – gehen – Kahn – sehen – Bahn – ziehen – Fahne – wehen – blühen – fliehen – glühen – gewöhnen – Mohn

Ü 82

Schwierige Wörter 1:
Präge dir ihre Schreibweise ein und trage sie dem Sinn nach richtig in die Sätze ein!

gefährlich – beinahe – ungefähr – wahrscheinlich – während – fröhlich – allmählich

1. Zum Konzert der Popgruppe kamen ______________ 5000 Menschen.
2. ______________ der Film im Fernsehen lief, telefonierte sie mit ihrer Freundin.
3. Es ist ____________ , dass er uns am Wochenende besucht.
4. Die Kinder liefen ______________ den Weg entlang.
5. Es wurde ______________ Abend, aber von ihm war immer noch nichts zu sehen.
6. Der Forscher kam der Giftschlange _____________ nah.
7. Fabian hatte ___________ vergessen, dass am nächsten Tag Schularbeit war.

Ü 83

Schwierige Wörter 2:
Präge dir ihre Schreibweise ein und trage sie dem Sinn nach richtig in die Sätze ein!

angenehm – ähnlich – fähig – außergewöhnlich – empfehlenswert – berühmt – verkühlt

1. Mein Vater hat sich gestern beim Joggen leider _________________.
2. „Dieses Buch ist wirklich _________________. Es lohnt sich, es zu lesen“, meinte die Lehrerin.
3. Die _________________(e) Popsängerin machte für zwei Konzerte Station in Österreich.
4. Du kannst nicht abstreiten, dass du deinem Bruder sehr _________________ siehst.
5. „Ich bin _________________ überrascht von deinem plötzlichen Ehrgeiz“, lobte die Trainerin die Hockeyspielerin.
6. Niemand konnte sich erklären, wer zu dieser Tat _________________ war.
7. Die Wanderer setzten sich auf die Bank und genossen die _________________ schöne Aussicht.

Ü 84

Schwierige Wörter 3:
Präge dir ihre Schreibweise ein und trage sie dem Sinn nach richtig in die Sätze ein!

ehrlich – verkehrt – unzählig – zahm – kahl – mühsam – bewährt

1. Der Aufstieg auf den Berg war sehr ______________, aber wir schafften ihn alle.
2. Das ______________(e) Reh kam zum Zaun gelaufen und wollte von uns gefüttert werden.
3. Der ______________(e) Finder erhielt eine entsprechende Belohnung.
4. Da es meiner Schwester und mir so großen Spaß machte, sprangen wir ______________(e) Male vom Dreimeterbrett im Freibad.
5. „Warum nur mache ich immer alles ______________?“, fragte sich der kleine Kobold immer wieder.
6. Die Erfindung des Wissenschaftlers hat sich wirklich ______________.
7. Unser Kastanienbaum im Garten wirkt sehr ______________, denn er hat bereits alle Blätter abgeworfen.

Ü 85

Verkehrte Welt! Schreibe die durcheinandergeratenen Wörter richtig auf!

ah: Bahnsuppe, Jahresschule, Rahmzeit, Fahrhof
eh: Zehenstock, Lehmmaschine, Gehnagel, Kehrhaus
oh: Flohkaffee, Ohrenstrudel, Bohnenschmerzen, Mohnzirkus
uh: Schuhlehne, Müllühr, Stuhlzeiger, Bandabfuhr
äh: Maschinenerzähler, Streitlähmung, Nähmärchen, Kinderhähne
öh: Tropfsteinhöhe, Föhrenluft, Waldröhre, Punkthöhle
üh: Stallbühne, Frühspiel, Theatermühle, Hühnerstück

Ü 86

Setze die angegebenen Wörter richtig in den Text ein!

ihr/ihm/ihn/in/im

Lukas und Beate sind gute Freunde. _____ den letzten Sommerferien schickte sie _____ einmal eine E-Mail und fragte _____, ob er mit _____ schwimmen gehen möchte. Er war begeistert und mailte sofort ein Ja zurück. Die beiden wollten sich um 13 Uhr 30 _____ Park treffen. Lukas war aber leider unpünktlich, weil er eine Reifenpanne hatte. Er hätte gerne Beate am Handy angerufen, sie hatte es aber nicht eingeschaltet. So beschloss sie nach 30 Minuten des Wartens ohne _____ _____ das Schwimmbad zu gehen. Sie war etwas böse auf Lukas, weil er nicht erschienen war. Zugleich machte sie sich aber Sorgen um _____. Schließlich erschien er doch noch, _____ der Hand ein Eis als Entschuldigung für sein Zuspätkommen.

Ü 87 **Ähnliche Wörter unterscheiden: Setze sie richtig ein! Achte auf die Schreibung!**

Wal – Wahl, war – wahr, in – ihn, ihm – im, stellen – stehlen, holen – hohl

1. Der ___________ ist das größte lebende Säugetier.
   Thomas kandidiert bei der ___________ zum Klassensprecher.
2. Ist das wirklich ___________, was du da sagst?
   ___________ er gestern nicht auch schon krank?
3. ___________ mir bitte einige Erdäpfel aus dem Keller!
   Schau, der Baum ist innen schon ganz ___________!
4. Peter ___________ das Buch an seinen Platz zurück.
   Ich hoffe, niemand wird uns den Ball ___________, während wir im Wasser sind.
5. Er kommt schon wieder zu spät ___________ die Schule.
   Hast du ___________ überhaupt schon gesehen?
6. Ich schenke ___________ zum Geburtstag ein neues Computerspiel.
   Er hat seine Uhr ___________ Turnsaal vergessen.

Das lange i

Ü 88 **Finde die entsprechenden Reimwörter! Die Anfangsbuchstaben helfen dir dabei!**

fliegen	gießen	Siegel
b	fl	Z
l	sch	R
s	spr	Sp
w	schl	T

Ü 89 **Leite von den angegebenen Nomen in der ersten Spalte Verben und in der zweiten Spalte Adjektive ab!**

	Verben		Adjektive
Fliege	fliegen	Sieg	siegreich
Sieb		Riese	
Ziel		Gier	
Diener		Friede	
Miete		Dieb	

Ü 90

Setze die in Klammern geschriebenen Verben im Präteritum (in der Mitvergangeheit) ein!

Beispiel:
Simone **fiel** gestern beim Völkerballspielen hin. **(fallen)**

1. Gestern ____________ Manuel endlich sein Geografie-Referat. (halten)
2. Vor lauter Angst ____________ die Kinder laut auf. (schreien)
3. Das Mädchen ____________ laut nach seiner Mutter, wurde aber nicht von ihr gehört. (rufen)
4. Alle Urlauber waren gut aufgelegt, weil die Sonne ____________. (scheinen)
5. Mein Sitznachbar ____________ es, sich zu Wort zu melden. (vermeiden)
6. Behäbig ____________ der Pfarrer die Kirchturmtreppe hoch. (steigen)
7. Zum Glück ____________ mich mein Freund auf einen Fehler hin. (weisen)
8. Schon lange ____________ er ihm keine E-Mails mehr. (schreiben)
9. Die Schüler ____________ in ihren Klassen, weil die Heizung ausgefallen war. (frieren) ACHTUNG!

Ü 91

Leite von den angeführten Wörtern Verben auf -ieren ab!

Operation	operieren	Gratulation
Buchstabe		Telefon
Protest		Training
Friseur		Reparatur
Nummer		Probe
Musik		Addition

Ü 92

Setze die in der vorhergehenden Übung angeführten Verben auf -ieren in die Lücken ein! Verwende die Zeitform Präteritum (Mitvergangenheit)!

1. Der Chirurg des Krankenhauses ____________ mehrere Stunden lang.
2. Da ihr Name schwierig zu schreiben ist, ____________ sie ihn.
3. Ganz herzlich ____________ alle Schülerinnen der Klasse ihrer Lehrerin zum Geburtstag.
4. Ohne an seine Handy-Rechnung zu denken, ____________ er die ganze Bahnfahrt über mit seinem Freund.
5. Meine Mutter ____________ im Modegeschäft viele verschiedene Hosen, keine gefiel ihr aber so richtig.
6. In der Garage ____________ er sein Fahrrad, dessen Lenker defekt war.
7. Einen Monat lang ____________ Ramona jeden Tag für die Aufnahmeprüfung in die Ballettschule.
8. Lauthals ____________ die Fans der Basketballmannschaft gegen die Entscheidung des Schiedsrichters.
9. Um die richtige Lösung zu erhalten, ____________ die Schülerin die beiden Umfänge der Quadrate.
10. Judith ____________ alle Fragen, die sie ihren Mitschülern nach dem Referat stellen wollte.

Ü 93

Wörter mit ie:
Setze im Kreuzworträtsel die gesuchten Wörter von oben nach unten richtig ein!
Wie heißt das waagrechte Lösungswort mit ie?

1. Das Gegenteil von Friede: K...
2. Ein Wochentag: D...
3. Ein männlicher Vorname: F...
4. Erhöhte Temperatur: F...
5. Ein anderes Wort für Gewinner: S...
6. Ein extrem großer Mensch: R...
7. Mit der Nase wahrnehmen: R...
8. Ein Sehfehler: Sch...
9. Damit baut man Häuser: Z...
10. Ein Imker züchtet sie: B...

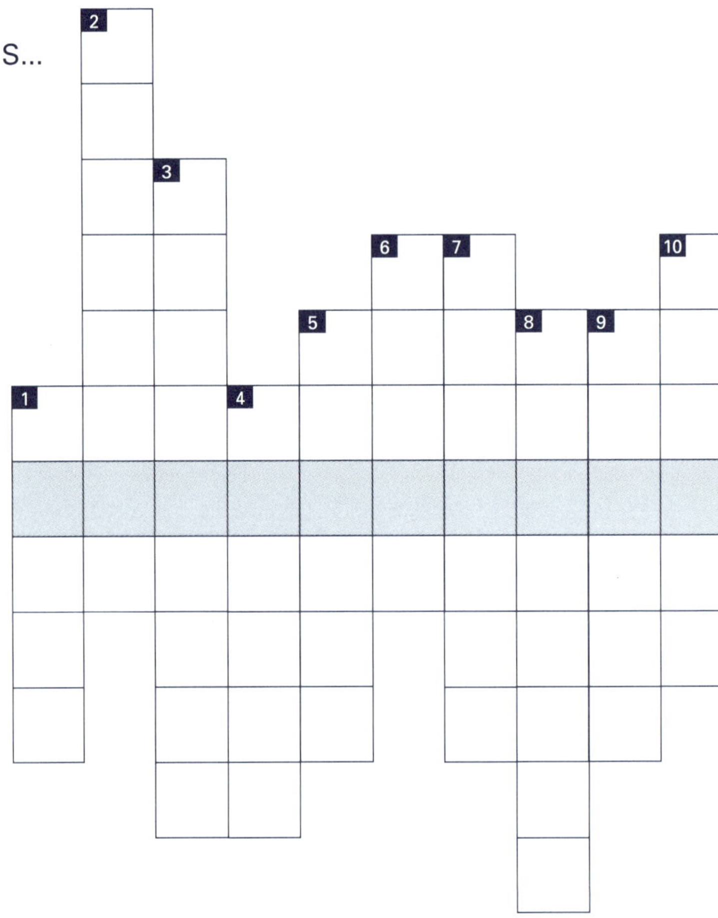

Ü 94

Schreibt man i oder ie? Setze richtig ein!

H__lfreiche T__pps

„W__ soll ich d__s denn alles schaffen?“, r__f Fr__tz verzweifelt aus. Für Geograf__, Biolog__ und Engl__sch sollte er gleichzeitig lernen. Es standen eine W__derholung, ein Test und eine Schularbeit auf dem Programm. Wieder einmal hatte er v__l zu v__l zusammenkommen lassen. Aber leider hatte __hm b__sher n__mand erklärt, w__ er d__s alles __n den Gr__ff bekommen sollte. „Warum aber schafft es Bernhard, mein Schulkollege und guter Freund?“, fragte er s__ch. __mmer schr__b er gute Noten. Schnell setzte er s__ch an seinen Computer und sch__ckte __hm ein E-Mail m__t seinem H__lferuf.

Schon kurze Zeit später hatte __hm sein Freund zurückgemailt. Nach einigen aufmunternden Worten waren die folgenden s__ben h__lfreichen Lernt__pps zu f__nden:

- W__derhole den Lernstoff __n regelmäßigen Abständen!
- Lasse d__r kleine Übungsd__ktate dikt__ren und schreibe schw__r__ge Vokabeln auf Karteikarten!
- Gestalte deine Hefte ordentl__ch und übers__chtl__ch!
- Versch__be dr__ngende Arbeiten n__cht auf den nächsten Tag!
- Entw__rf einen Tages- und einen Wochenplan!
- Unterbr__ch deine Lerneinheiten und sch__be Pausen ein, __n denen du aber nicht ferns__hst!
- Konzentr__re d__ch beim Lernen und lasse d__ch durch n__chts ablenken!

Ja, Bernhard war ein Gen__! Fritz beschloss, d__se Lernstrateg__n zu befolgen. V__lleicht hatte auch er dam__t Erfolg.

Wörter mit langem Vokal, aber ohne Dehnungszeichen

Ü 95 **Welche Wörter ohne Dehnungszeichen, aber mit lang gesprochenem Vokal, haben sich in den drei Wortschlangen versteckt? Schreibe sie auf!**

Nomen

Kilogrammsagetigergabelkönigbiberthron

schwanfragechordosedomvogelofenschabe

Verben

tragengebenlobenholenwebenlebentraben

blasenschonenfragenspürenstörengehörensagen

tragen, geben, loben, weben, leben, traben, holen,
blasen, schonen, fragen, spüren, stören, gehören, sagen

Adjektive und andere Wortarten

rothervorebennebenböseblossklarprima
trübschwerunsichtbargemütlich

Folgende Regel kannst du dir merken:

Wörter, die mit **Qu, Sch und T beginnen, verzichten auf ein Dehnungs-h** im Wortinneren.

Ü 96

Ordne die angeführten Wörter nach ihren Anfangsbuchstaben: Qu, Sch, T! Schreibe sie auf!

Ton, Titel, quaken, Schule, schonen, Qual, täglich, Tafel, queren, schön, Türglocke, Tugend, quietschen, Scherben, töten, tönen, quälen, schmal, quieken, tot, schnüren, schwül, Tor, schlagen, Träger

Ü 97

Fremdwörter mit i:

1. **Ordne die angeführten Wörter im ersten Kasten nach dem ABC! Schreibe den Artikel dazu!**
2. **Bilde Zusammensetzungen mit den Wörtern im zweiten Kasten! Die Wörter im ersten Kasten sind der erste Bestandteil.**

Mandarine(n) – Kino – Benzin – Sirene(n) – Maschine(n) – Lawine(n) – Medizin

Kanister – Sitz – Hang – Mann – Schale – Schaden – Geheul

Großer Schlusstest

Ü 98 **Wie werden die Wörter geschrieben? Ergänze die Buchstaben! Schreibe die Wörter auch in dein Heft!**

a – ah – aa – ä – äh:

die Anz__l, der Turns__l, der Tanzb__r, das P__rchen, ein P__r Hausschuhe, w__grecht, z__len, unw__rscheinlich, die W__lrede, die Tast__tur, ein p__r Steine, die __nlichkeit, undankb__r, die Gelsenpl__ge, das Abendm__l

e – ee – eh:

angen__m, der Umw__g, ausl__ren, die L__rerin, die S__schlange, der G__stock, g__winnen, das Bundesh__r, das Kam__l, das __rdb__reis, g__scheit, die Schönbrunner All__, schw__r, die Verm__rung, das Blumenb__t

o – oh – oo – ö – öh:

er fr__r, der F__renwald, das Gewinnl__s, die L__sung, L__tt__ spielen, ungew__nlich, die B__nenstange, verl__sen, tr__sten, die Vers__nung, m__sgrün, verb__ten, der B__te des Königs, das Ruderb__t, die L__nerh__ung

u – uh – ü – üh:

die S__ßigkeit, m__tig, der Schw__r, zuschn__ren, der F__rerschein, die W__lmaus, die Rosenbl__te, bl__en, die __rgroßmutter, das __rband, der Geschirrsp__ler, vergl__en, die G__te, g__t, die Z__gfahrt

i – ih – ie – ieh:

n__mals, der Schm__d, h__lfreich, überw__nden, sich anz__en, p__psen, __re Schuhe, v__lleicht, der S__benschläfer, sie st__ß, marsch__ren, der Benz__ntank, erf__nden, parad__sisch, das Pap__r

Ü 99 **In jedem Satz befinden sich zwei Fehler! Unterstreiche sie und schreibe den Satz richtig in dein Heft!**

1. Vohr Beginn des Unterrichts stoßte Simon mit seinem Freund zusammen.
2. Barbara brachte in die Schuhle ein par ihrer schönsten Muscheln mit.
3. Meine Tante nam mit Tränen in den Augen von uns am Flughafen Abschid.
4. „Siest du den großen Storch, der dort über die Dächer fligt?", fragte mich Jennifer.
5. Wie geferlich das Ganze gewesen wahr, stellte sich erst später heraus.
6. Mein kleiner Bruder trinkt gehrne selbst gemachten Himbersaft.
7. Ich möchte one meine beste Freundin nicht ins Kieno gehen.

Umlaute

Ein Wort wird mit **ä** geschrieben, wenn sich der Umlaut von einem **a ableiten** lässt (z. B. die F**ä**hre – kommt von f**a**hren).

Ein Wort wird mit **äu** geschrieben, wenn sich der Umlaut von einen **au ableiten** lässt (z. B. sch**äu**men – kommt von der Sch**au**m).

ä und e

Ü 100

Bilde zu den angeführten Nomen die Mehrzahl!

Einzahl (Singular)	Mehrzahl (Plural)	Einzahl (Singular)	Mehrzahl (Plural)
das Glas	die Gläser	der Kahn	
der Gast		die Wand	
der Mann		die Hand	
der Satz		die Gans	
der Zahn		der Stall	
das Land		der Bach	

Ü 101

Schreibe das Ausgangswort auf a dazu!

zähmen	zahm	mäßig	
ernähren		prächtig	
glänzen		bärtig	
wählen		zärtlich	
schälen		Wärme	
quälen		Härte	
klären		Stärke	

Ü 102

Leite von den folgenden Verben Nomen auf ä ab! Schreibe den Artikel davor!

Verben	Nomen	Verben	Nomen
handeln	der Händler	pachten	
tragen		schlafen	
fangen		begraben	
klagen		schlagen	

Ü 103

Bilde von den angeführten Verben die angegebenen Personalformen im Präsens!

Nennform	2. Person, EZ, Präsens	3. Person, EZ, Präsens
fahren	du f**ä**hrst	er/sie/es f**ä**hrt
halten		
waschen		
tragen		
backen		
fangen		
lassen		
graben		
wachsen		
schlafen		

Achtung!
Bei **„fragen“** lauten die Formen du **fragst**, er/sie/es **fragt**!

Ü 104

Bilde von den angeführten Nomen abgeleitete Adjektive mit der Nachsilbe -lich!

Beispiel:
Jahr – jährlich

Gefahr	-lich	Gefährlich
Mann		Männlich
Sache		Sächlich
Angst		Ängstlich
Jammer		Jämmerlich
Überschwang		Überschwänglich
Hass		Hässlich
Kauf		Käuflich

0. F.

Ü 105

ä oder e?
Setze richtig ein! Achtung, bei manchen Wörtern gibt es kein Ausgangswort auf a!

verw_nden, der St_ngel, der K_fer, beschw_rlich, z_h, das M_rchen, vorw_rts, verm_ngen, die S_ndung, erkl_ren, das Gew_chs, das Gel_chter, das Gew_hr, die _ltern, die Verschw_ndung, das Ger_t, das M_dchen, g_stern, verd_rblich, ungef_hr, gegenw_rtig

4. F.

Bei folgenden beiden Wörtern sind beide Schreibungen erlaubt:
aufwendig (aufwenden) oder **aufwändig** (der Aufwand),
die Schenke (ausschenken) oder **die Schänke** (die Schank).

Ü 106

Setze die angegebenen Wörter richtig ein! Je zwei werden zwar gleich gesprochen, haben aber eine unterschiedliche Bedeutung.

der Rechen – rächen, die Lerche – die Lärche, die Ehre – die Ähre, der Segen – die Sägen

1. Bring mir bitte den ______________!
   „Für diese Missetat werde ich mich bitter ______________!", meinte der Zwergenkönig.
2. Der Pfarrer beendete die Messe mit einem ______________.
   Mit verschiedenen ______________ wird der Holzstamm zerkleinert.
3. Die______________ ist der einzige Nadelbaum, der im Winter seine Nadeln verliert.
   Hörst du, wie schön die ______________ singt?
4. „Es ist mir eine große ______________, Sie in meiner Show begrüßen zu dürfen", sagte der Moderator zum berühmten Schauspieler.
   An unserer Haustüre hängt ein Kranz gebunden aus Korn______________.

äu und eu

Ü 107

Welche Wörter gehören zusammen? Schreibe sie nebeneinander auf!

Beispiel:
das Säugetier – saugen

ausräumen	Schnauze	______________
säuerlich	Frau	______________
Fäulnis	Raum	______________
Träumer	bauen	______________
schnäuzen	Haus	______________
gräulich	sauer	______________
Gebäude	Zaun	______________
Bäuerin	faul	______________
häuslich	laut	______________
läuten	Brauch	______________
einzäunen	Traum	______________
Fräulein	grau	______________
gebräuchlich	Bauer	______________

Ü 108 **Leite von den angegebenen Wörtern Wörter mit äu ab!**

der Daumen	der Däumling	saufen	der ___
das Haupt	der ___	glauben	die ___
der Baum	das ___	taufen	der ___
der Schaum	s___	laufen	die ___
der Traum	t___	saugen	der ___

Zu folgenden Wörtern gibt es kein Ausgangswort auf au! Man muss sich deren Schreibung einprägen.

der/das Knäuel, sich räuspern, sich sträuben, die Säule

Ü 109 **Setze die oben angeführten Wörter, zu denen es kein Ausgangswort auf au gibt, richtig ein!**

Er ___ sich laut, bevor er zu sprechen begann.

Meine Katze spielt gerne mit dem Woll___.

Von dem riesigen Tempel sind nur mehr wenige ___ erhalten.

Kevin ___ sich mit Händen und Füßen dagegen, mit seiner Tante einkaufen zu gehen.

Ü 110 **äu oder eu? Setze richtig ein!**

f___cht – die Br___te – k___chen – der Wiederk___er – l___chten – der R___cherlachs – der R___ber – d___tlich – die B___te – der Str___zucker – die Schlangenh___te – die Gartenstr___cher – h___fig – das Sch___sal – der Fr___nd – das F___er – die R___e

einen Sportler anf___ern – ein t___res Computerprogramm kaufen – das Gel___te der Glocken vernehmen – einen wichtigen Termin vers___men – eine getroffene Entscheidung nicht ber___en – von einem erholsamen Urlaub tr___men – ein verb___lter Kotflügel – das Ungeh___er von Loch Ness – den Saal r___men – sich gegen H___schnupfen impfen lassen – gemeinsam ein H___rigenlokal besuchen – die Jugend von h___te

ein l___chtend roter Schianzug – eine Tat l___gnen – ein blau___giges Mädchen – ein kleines B___mchen pflanzen – ein n___nmalkluger Knabe – den Schmerz bet___ben – einen wichtigen Z___gen verhören – die Batterie des Walkmans ern___ern – ein altes Gem___er – die Nachmittagsbetr___ung besuchen – große Geldvorräte anh___fen

Ü 111

Wörter mit eu
Setze im Kreuzworträtsel die gesuchten Wörter mit eu waagrecht richtig ein!
Wie heißt die senkrechte Lösung?

1. Auf jemanden hinweisen/auf etwas zeigen: D...
2. In diesem Jahr: H...
3. Ein aufregendes Erlebnis: A...
4. Jeder Schüler erhält es am letzten Schultag: Z...
5. Ein anderes Wort für Stadel/Schuppen: SCH...
6. Milchdrüse der Kuh: E...
7. Eine Redensart: „Den T... an die Wand malen“
8. Eine heimische Giftschlange: K...
9. Ein Vogel, der nachts aktiv wird: E...
10. Ein anderes Wort für Menschen: L...

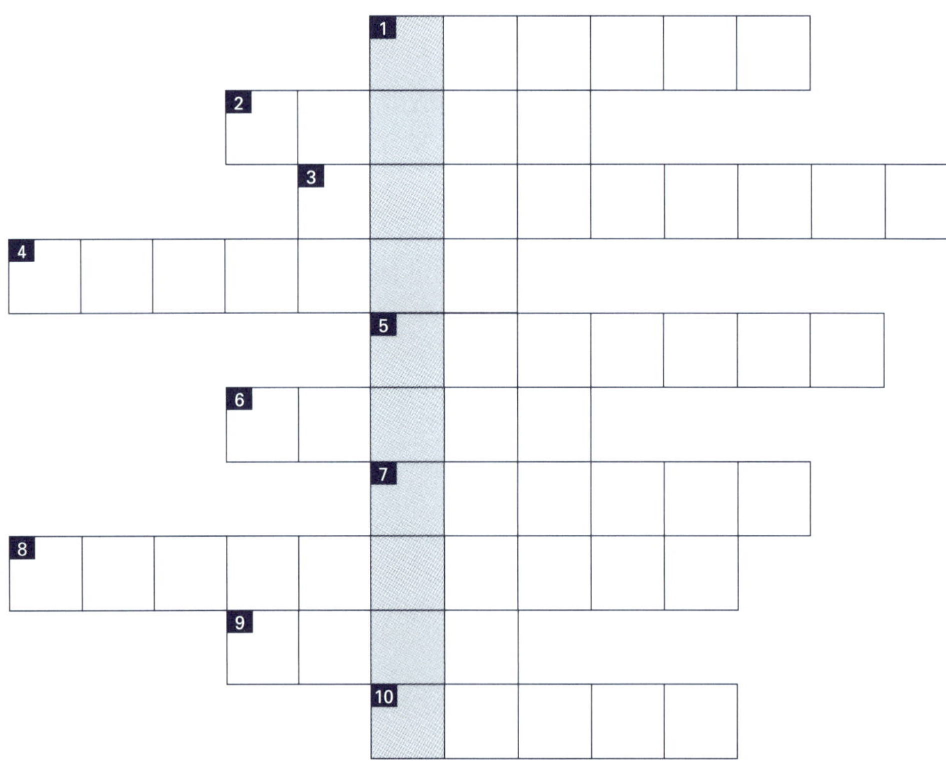

Großer Schlusstest

Ü 112

ä oder e? Schreibe das Wort richtig auf die Zeile!

das Verbr___chen	k___geln
das R___tsel	die Hosenl___nge
s___lig	der S___gen
das Gew___chshaus	die Milchz___hne
der Hundef___nger	der Geldf___lscher
das M___rchen	die Bew___gung
das S___gelboot	der Ger___teschuppen
die Ober___rztin	die Erg___nzung
___ngstlich	tr___nenreich
die ___nderung	w___hlerisch

Ü 113

äu oder eu? Schreibe das Wort richtig auf!

das Kr___z	das M___seloch
das Fr___lein	die St___ererhöhung
das H___bchen	die S___le
der Geldb___tel	gl___big
die Hundem___te	die H___ernte
___ßerlich	die F___lnisbakterien
die Gartenz___ne	die Sonnenbr___ne
der L___chtkäfer	die Gasth___ser
k___flich	die Fr___ndschaft
die Bed___tung	das Werkz___g

Wörter mit f und v

Eine fixe Rechtschreibregel, wann **f** und wann **v** geschrieben wird, gibt es nicht. Man muss sich die Schreibung der Wörter durch oftmaliges Üben einprägen.

Der Buchstabe **v** kommt nur in wenigen deutschen Wörtern vor, in Fremdwörtern ist er häufiger. Manchmal wird das **v** auch als **w** gesprochen (z. B. Vase).

Ü 114

Ordne die angeführten Wörter nach folgenden Gruppen: Nomen, Verben, Adjektive/andere Wortarten!

Fahrer – befragen – fluchen – Fahne – frühestens – fest – fortschicken – fordern – Weizenfeld – fällig – froh – fressen – freuen – Seife – Fischfang – fügen – Weinfass – befürworten – fähig – füreinander – frech – Faschingskostüm – festschrauben – Feind – Sommerfest – frei – fromm – fünffach – Familie – frisch – Ferkel – frieren – Fieber – Fassung – falsch – fremd – Zitronenfalter – flott – förderlich – frisieren – fühlen – füttern

Ü 115

Setze die folgenden Wörter mit v dem Sinn nach richtig in die Lücken ein!

brav – vollständig – vielleicht – vier – viel – bevor – davon – verwandt – vordere – vor – selbstverständlich – völlig

1. ________________ sie sich für ein Spiel entschieden, diskutierten die ________________ Mädchen ausführlich darüber.
2. „________________ bin ich wirklich mit ihm ________________?“, fragte sich der Waisenjunge.
3. „Das kommt ________________, wenn man zu ________________ nascht“, meint die Mutter, nachdem ihre Tochter über Bauchweh geklagt hat.
4. Die Wanderin war in ein schweres Gewitter gekommen und betrat ________________ durchnässt die Hütte durch die ________________ Tür.
5. „________________ bekommst du die bessere Note! Du arbeitest ja immer ________________ im Unterricht mit“, meinte die Professorin.
6. ________________ der ________________ versammelten Mannschaft hielt der Kapitän eine Rede.

Achte auf die Schreibung der Vorsilben ver- und vor-/Vor-!

Ü 116

Verbinde die angeführten Adjektive und Nomen mit der Vorsilbe ver- und bilde Verben! Schreibe das Lösungswort daneben!

Adjektive		Nomen	
breit	verbreitern	Brüder	
billig		Silber	
deutlich		Durst	
dunkel		Ebbe	
einsam		Ehre	
schön		Einheit	
schlecht		Erbe	
öffentlich		Schmutz	
lieb		Salz	
kurz		Menge	
sicher		Bau	

Ü 117

Verbinde die angegebenen Wörter mit der Vorsilbe vor-/Vor-! Schreibe das Lösungswort daneben! Setze bei Nomen den Artikel davor!

Abendprogramm	das Vorabendprogramm	antreiben	
anmelden		Dach	
liegen		bohren	
Schlag		schreiben	
Jahr		Bau	
gehen		gestern	
führen		sehen	
beugen		Schrift	
Arbeiterin		Garten	
Besitzer		Mittag	

Ü 118

Löse das Kreuzworträtsel, indem du die richtigen Fremdwörter mit v einsetzt!

1. Geige
2. 11. Monat im Jahr
3. Tasteninstrument
4. Die vier Wochen vor Weihnachten
5. Ein unfreier Mensch
6. Fachbegriff für Selbstlaut
7. Glaskasten
8. Zeile in einem Gedicht
9. Feuer speiender Berg
10. Verpflegung für einen Ausflug
11. Ein vornehmes Haus
12. Lebenswichtiger Wirkstoff, der vor allem im Obst enthalten ist
13. Beruf, bei dem man andere beobachtet bzw. beschattet
14. Kleinster Erreger von Infektionskrankheiten

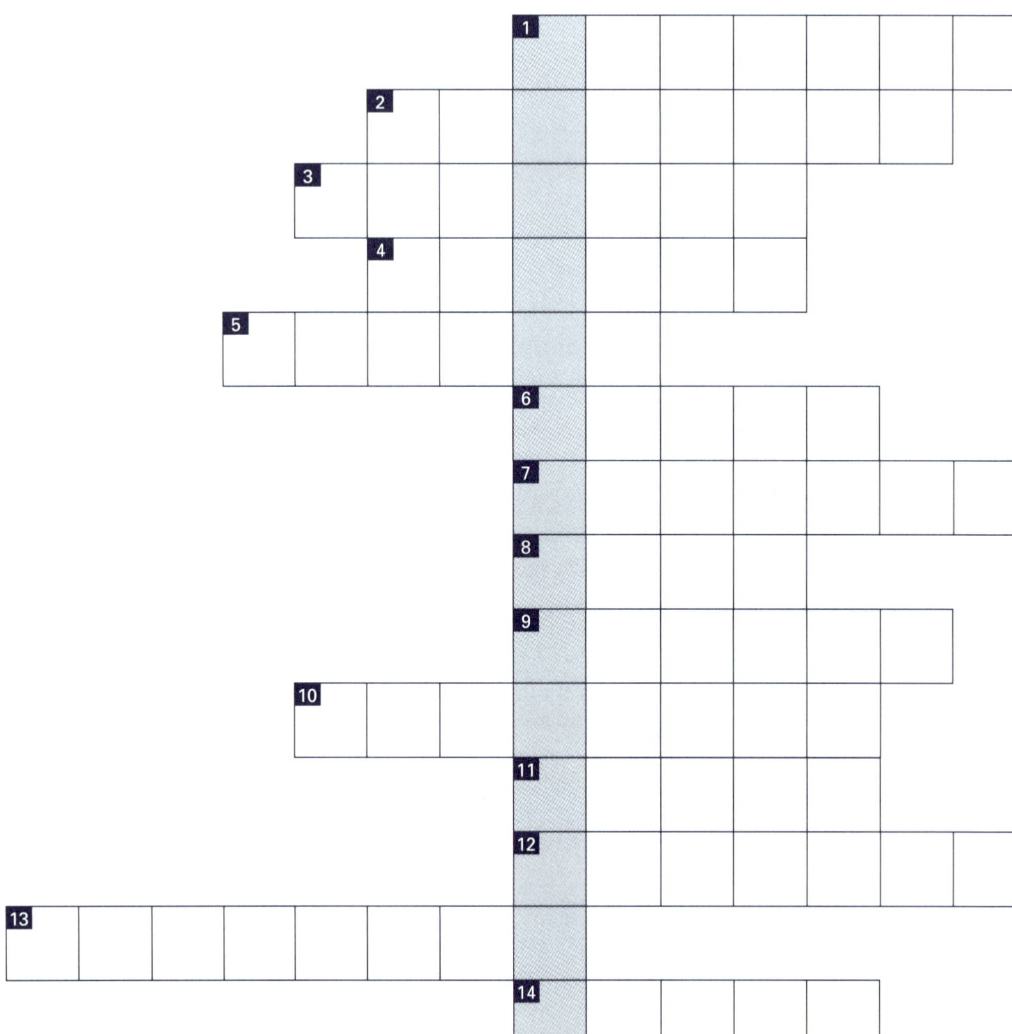

Ü 119

Bilde mit den Wörtern in der ersten und den Wörtern in der zweiten Spalte zusammengesetzte Nomen mit v! Schreibe sie mit dem Artikel in die dritte Spalte!

Veilchen	Land	______
Kurven	Verein	______
Insekten	Strauß	______
Vater	Vieh	______
Vogel	Versuch	______
Fußball	Verbot	______
Klassen	Lage	______
Volk(s)	Stunde	______
Feder	Käfig	______
Versand	Schule	______
Rauch	Vorrat	______
Viertel	Larve	______
Getreide	Vorstand	______
Flucht	Haus	______

Ü 120

Setze die Fremdwörter der Übung 118 dem Sinn nach richtig in die Lücken ein!

Fremdwörter 1 – 7:

1. Veronika hat leider den Bogen für ihre ______ zu Hause vergessen.
2. Im ______ ist es meist schon sehr kalt und oft nebelig.
3. Das ______, auf dem er spielte, war ziemlich verstimmt.
4. Der ______, so sagt man, ist die stillste Zeit im Jahr.
5. Gegen die schlechte Behandlung versuchten sich die ______ zu wehren.
6. Wird der ______ kurz oder lang ausgesprochen?
7. „Stell das Kaffeegeschirr wieder zurück in die ______!“, fordert Julia ihren Bruder Patrick auf.

Fremdwörter 8 – 14:

8. Beim Aufsagen des Gedichtes fiel ihm plötzlich der dritte ________________ der zweiten Strophe nicht ein.
9. Seit gestern speit der ________________ wieder Feuer.
10. „Hast du auch genug ________________ eingepackt?", fragte ich ihn.
11. Meine Großmutter hat lange in dieser schönen ________________ gewohnt.
12. Will man viel ________________ C zu sich nehmen, dann empfiehlt es sich, Orangen zu essen.
13. Mein Cousin macht gerade eine Ausbildung zum ________________.
14. Welches ________________ die Krankheit auslöst, konnte bis jetzt noch nicht herausgefunden werden.

Ü 121

Hier ist wieder einmal alles durcheinandergeraten. Bilde die richtigen zusammengesetzten Nomen! Sie enthalten alle v! Schreibe den Artikel dazu!

1. Vanilledose ________________
2. Wollpulver ________________
3. Olivenheft ________________
4. Vokabelführer ________________
5. Lokomotivrekorder ________________
6. Kopfwehvase ________________
7. Blumenpullover ________________
8. Fahrradpudding ________________
9. Konserventventil ________________
10. Videoöl ________________

Großer Schlusstest

Ü 122

Setze in den angeführten Wendungen f und v richtig ein! Achte auf die Groß- und Kleinschreibung!

ein riesiger Ele__ant	eine __ornehme Dame
eine neue __olge einer __ernsehserie	den __erstand __erlieren
el__ Uhr am Abend	eine __rist __erstreichen lassen
ein bra__es und __olgsames Mädchen	den __orfall __erschweigen
ein __ioletter Jogginganzug	häu__ig __ür Au__regung sorgen
sein Bestes __ersuchen	den O__en einheizen
eine __erletzte __erse	ner__ös au__ und ab gehen
eine bekannte __abel nacherzählen	ein __itaminreiches Getränk
auf __orrat einkau__en	sein Auto pri__at __erkau__en
mehrere un__erständliche __ragen	__rischen __isch __angen

Ü 123

Setze in den folgenden Sätzen v und f richtig in die Lücken ein!

1. Der Detekti__ löste den schwierigen __all durch seine her__orragende Kombinationsgabe.
2. Schon seit einiger Zeit bin ich mit der __orspeise __ertig.
3. Er arbeitet immer sehr akti__ im Unterricht mit und ist das __orbild __ieler seiner Klassenkollegen.
4. Ihr ge__ielen die __erse des Gedichtes nicht, außerdem bezwei__elte sie, dass er sie selbst __erfasst hatte.
5. „Morgen werden wir die Gruppenarbeit __ortsetzen!“, in__ormierte die Lehrerin ihre Schüler.
6. Leider __iel die schöne __ase zu Boden und zersprang in __iele Stücke.
7. Beim __orspielabend der Musikschule trat auch ein Quartett, bestehend aus zwei Kla__ier- und zwei __iolinspielerinnen, auf.
8. Die Skla__en lie__en zusammen und __ersuchten sich zu __erteidigen.
9. Ein Sprichwort lautet: „__iele Köche __erderben den Brei.“
10. „Das ist wirklich ein __abelha__ter Ein__all“, rie__ sie begeistert.

Wörter abteilen

Wörter werden am Zeilenende nach Sprechsilben, die sich beim langsamen Sprechen ergeben, getrennt (z. B. le-ben, ge-ben, ver-lan-gen).

Einsilbige Wörter können nicht abgeteilt werden (z. B. alt, wild, Mensch). Einzelne Buchstaben für Vokale (Selbstlaute) dürfen nicht abgetrennt werden: nicht A-bend (!), aber: Ei-er.

Im Österreichischen Wörterbuch ist durch einen Trennungsstrich angezeigt, wie man ein Wort abteilen kann.

Folgt **ein Konsonant** (Mitlaut) auf einen Vokal (Selbstlaut), so kommt er auf die **nächste Zeile**. **ch, sch, ck, ß, ph** und **th** gelten als ein Laut und werden deshalb nicht getrennt.

Beispiele:
we-ben, Waa-ge, wa-schen, la-chen, We-cker, grü-ßen, Geogra-phie, Zi-ther

Ü 124

Trenne die angegebenen Wörter! Schreibe sie auf!

Läufer, heben, Steuer, wecken, Tasche, reißen, Sumpf, Begrüßung, katholisch, Ofen, meinen, weinen, machen, Sachen, Heimat, Eier, schreiben, Lücke, Heizung, Bauer, kegeln, rasch, Bruder, Schwester, Geduld, Fahne, Ruine, Ahorn

Folgen **zwei oder mehr Konsonanten** (Mitlaute) auf einen Vokal (Selbstlaut), so kommt immer **der letzte auf die nächste Zeile**.

Beispiele:
On-kel, Tan-te, Nef-fe, Kis-te, wis-sen, wuss-te, schütz-te, fürch-ten

Ü 125

Trenne die angegebenen Wörter! Schreibe sie auf!

wundern, lebendig, Mutter, Schnupfen, bedankte, täglich, knusprig, bewirken, ordentlich, Sammlung, Computer, Körper, winkte, schwitzte, Mantel, Lampe, pumpte, presste, Fenster, gestern, jährlich, Sommer, zittern, Finger, Zäpfchen

Ü 126

Trenne die angegebenen Wörter so oft wie möglich! Schreibe sie auf!

Begegnung, Gewürz, zusammen, angenehm, unzulässig, anstrengend, Verletzter, Aufenthalt, verursachen, Aufregung, mitkommen, beantworten, Zufriedenheit, Unsicherheit, kontrollieren, Abenteuer, zueinander, befürchten, abschneiden, Unterricht, heiraten, Kommandant, Laterne

Zusammengesetzte Wörter trennt man **am besten** nach ihren **Bestandteilen** ab.

Beispiele:
Schul-tasche, Computer-spiel, Fernseh-übertragung

So sollte man zusammengesetzte Wörter nicht abteilen:
Bäcker-ei

Ü 127

Trenne die angegebenen Wörter nach ihren Bestandteilen! Schreibe sie auf!

Bilderrahmen, Manteltasche, missfallen, Bildschirm, zusammenhalten, Süßstoff, Küchentisch, Theateraufführung, Spielfilm, wegwerfen, Fußboden, Schnellstraße, Werkzeugkoffer, Schultasche, Bücherregal, Schilift, Sessellehne, Telefonhörer, hinuntergehen, Schließfach

Ü 128

Bilde aus den unten angeführten Silben die Lösungswörter!
Verwende jede Silbe nur einmal!

1. Dort kann man Bücher entlehnen ______________________
2. Jahreszeit, die am 21. 3. beginnt ______________________
3. Viele verwenden ihn als Schultasche ______________________
4. Damit atmen die Menschen ______________________
5. Viele Menschen lesen sie jeden Tag ______________________
6. Zwerge, Riesen usw. kommen darin vor ______________________
7. Das Gegenteil von laut ______________________
8. Beliebtes Getränk am Morgen ______________________
9. Alle Schüler warten sehnlichst darauf ______________________

Lun-, Mär-, Früh-, lei-, Fe-, Ruck-, Biblio-, Kaf-, Zei-,
-chen, -thek, -tung, -rien, -fee, -ge, -sack, -ling, -se

Großer Schlusstest

Ü 129 **Die angeführten Wörter sind falsch abgetrennt. Schreibe die richtige Form daneben!**

verzeih-en	Zuk-unft
Mei-ster	Gesc-häft
Büc-her	Prop-het
Mannsch-aft	Su-ppe
mek-kern	Ung-lück
schim-pfen	Daum-en
An-tenn-e	beiß-en

Ü 130 **Teile die angeführten Wörter richtig ab! Schreibe sie daneben!**

Wanderung	vergnügte
Wirtschaft	vermisste
Messe	Türschloss
Weihnachten	spazieren
behandeln	Autorennen
Zufriedenheit	Minderheit
Stundenplan	erzählen
gefräßig	Geschichte
männlich	Zucker
Haustier	bezweifeln

Satzzeichen

Der Beistrich bei Aufzählungen

Bei **Aufzählungen** wird ein **Beistrich** gesetzt.
Sind sie mit „und“, „oder“, „sowie“ verbunden, wird allerdings **kein Beistrich** gesetzt.

Beispiele:
Er kam, sah **und** siegte.
Wir gehen morgen Schi fahren, eislaufen, langlaufen **oder** rodeln.
Manuel richtet fürs Frühstück Teller, Besteck, Kaffeetassen, den Brotkorb **und** die Kaffeekanne her.

Ü 131

Setze in den folgenden Sätzen die fehlenden Beistriche!

1. In meinem Bücherregal stehen Bücher von Christine Nöstlinger Franz Sales Sklenitzka Christoph Mauz und Franz Thorwartl.
2. Mein Vater spielt Klavier meine Mutter Geige meine Schwester Blockflöte und ich Gitarre. Zusammen sind wir ein kleines Orchester.
3. Silvia muss heute noch Vokabeln lernen die Englisch-Hausübung machen eine Zeichnung fertigstellen und ein kurzes Gedicht auswendig lernen.
4. Petras Hund winselte lief danach dreimal um unseren Tisch und schlief schließlich ein.
5. Turnen Mathematik und Zeichnen sind die Lieblingsfächer meines Cousins.
6. Der Trainer sagt: „Zuerst wärmt ihr euch auf dann teste ich eure Geschicklichkeit mit dem Ball und zum Abschluss machen wir ein Match.“
7. Das kleine grüne laut plappernde Monster stapfte durch den Schnee.
8. Meine Schwester ist eine tolle Sportlerin. Sie fährt gut Schi schwimmt wie ein Fisch läuft wie der Blitz und spielt exzellent Tennis.

Satzzeichen bei wörtlicher Rede

Wörtliche Reden werden immer zwischen Anführungszeichen gesetzt. Ein Begleitsatz geht ihnen voran oder folgt ihnen.

Satzzeichen, die verwendet werden:
„ “ , . ! ? :

Folgende Varianten sind möglich:

- Begleitsatz / wörtliche Rede
  Meine große Schwester fragte: „**K**ommt dein Freund denn heute nicht zu Besuch**?**“

Achtung:
Nach Doppelpunkt bei wörtlicher Rede wird das erste Wort immer großgeschrieben!

- Wörtliche Rede / Begleitsatz
  „Bettina, komm schnell her! Ich brauche deine Hilfe!“, rief Vater Huber.

- Wörtliche Rede / Begleitsatz / wörtliche Rede
  „**N**ein, ich habe ihn nicht gesehen“, antwortete die Frau, „denn ich bin gerade bei der Tür hereingekommen.“

Achte besonders auf die Beistrichsetzung nach wörtlicher Rede! Der Begleitsatz wird von der wörtlichen Rede mit einem Beistrich nach dem Anführungszeichen abgetrennt!
Es gibt folgende Möglichkeiten:

- „Wörtliche Rede“, Begleitsatz.
  „Tante Maria kommt uns morgen besuchen“, teilte uns meine Mutter mit.

- „Wörtliche Rede**?**“, Begleitsatz.
  „Warum sind die beiden nicht gekommen**?**“, fragte er mich erstaunt.

- „Wörtliche Rede**!**“, Begleitsatz.
  „Hilfe, ich habe mich verletzt!“, rief der Fußballer laut.

Achtung:
Es kann nie ein Punkt bei wörtlicher Rede stehen, wenn ein Begleitsatz folgt!

Ü

Ergänze in den folgenden Sätzen die fehlenden Satzzeichen!
Unterstreiche die wörtliche Rede!

132

1. Der Bürgermeister der Stadt meint Wir müssen uns wieder mehr für den Umweltschutz einsetzen
2. Hast du denn das wirklich nicht gewusst fragte ihn seine Tante erstaunt
3. Nie wieder beteuert der Junge gehe ich alleine in dieses verfallene Haus
4. Haltet den Dieb schrie der Besitzer des Geschäftes laut
5. Kaum hörbar flüstert er seinem Freund zu Ich glaube, dort steht jemand
6. Ich glaube nicht erwidert die Schulkollegin meiner Schwester dass ich das Mathematik-Beispiel lösen kann
7. Sitz befiehlt das Herrchen seinem Hund
8. Kaum war er verschwunden erzählt der Zwerg tauchte plötzlich ein sprechendes Reh auf

Ü 133

Ergänze in den Textstellen die fehlenden Satzzeichen! Versuche zu erraten, aus welchem Märchen sie stammen!
(Im ersten Beispiel sind die Begleitsätze als Hilfe unterstrichen.)

• ______________________________

Die Königstochter warf die Tür schnell zu. Danach setzte sie sich aufgeregt an den Tisch. Der König bemerkte ihre Unruhe und fragte Mein Kind, warum fürchtest du dich Sitzt denn ein Riese vor der Tür Ach nein antwortete die Tochter es ist ein garstiger Frosch Was will er von dir wollte der Vater daraufhin wissen

• ______________________________

Nicht lange dauerte es, da klopfte es an der Haustür. Jemand rief Macht auf, ihr lieben Kinder, eure Mutter ist da und hat jedem von euch etwas Hübsches mitgebracht Aber die Geißlein hörten an der rauen Stimme, dass es der Wolf war. Wir machen nicht auf riefen sie du bist nicht unsere Mutter, du bist der Wolf

• ______________________________

Weißt du was meinte der Reiter wir wollen tauschen! Ich gebe dir mein Pferd und du gibst mir deinen Klumpen Gold. Einverstanden antwortete Hans aber du musst dich sicher damit abschleppen

• ______________________________

Der Esel näherte sich dem Fenster und schaute hinein. Was siehst du fragte der Hahn Einen reichlich gedeckten Tisch, um den Räuber sitzen antwortete der Esel das sehe ich Das wäre etwas für uns meinte daraufhin der Hahn

Großer Schlusstest

Ü 134

Ergänze in den folgenden Sätzen die fehlenden Beistriche!

1. Vor unserem Haus stehen zwei rote ein grünes ein blaues und ein schwarzes Auto.
2. Unser Nachbar kommt aus dem Haus grüßt zieht seinen Hut und geht schnellen Schrittes weiter.
3. Thomas Sabine Walter und Bettina haben einen Einser auf die Mathematik-Schularbeit bekommen.
4. Die Mutter bittet ihre Tochter: „Bitte hole mir Zucker Mehl Eier und Butter aus dem Supermarkt. Ich brauche diese Zutaten für einen Kuchen."
5. In der Früh steht Melanie zeitig auf duscht rasch frühstückt hastig versorgt schnell ihr Meerschweinchen und hetzt zum Bahnhof.
6. Meine Tante spricht fließend Englisch Französisch Spanisch und Italienisch.

Ü 135

Ergänze in den Textstellen die fehlenden Satzzeichen!
Versuche zu erraten, aus welchem Märchen sie stammen!

• ______________________________

Guten Tag, du altes Mütterchen sprach die Königstochter was machst du da Ich spinne gab die Alte zur Antwort. Was ist das für ein Ding, das sich so lustig bewegt wollte das Mädchen danach wissen. Es nahm die Spindel und hatte auch vor zu spinnen.

• ______________________________

Sie schaute zum Fenster hinaus und fragte Guten Tag, liebe Frau, was habt Ihr zu verkaufen Gute, schöne Ware antwortete sie Gürtel in allen Farben Sie holte einen bunten Gürtel hervor. Die ehrliche Frau kann ich sicher hereinlassen dachte das Mädchen, öffnete die Tür und kaufte den hübschen Gürtel. Kind sprach die Alte wie du aussiehst. Ich werde dir den Gürtel anlegen.

• ______________________________

Wieder war die Müllerstochter alleine. Da erschien das Männlein zum dritten Male. Es fragte das Mädchen Was gibst du mir, wenn ich dir auch dieses Mal das Stroh zu Gold spinne Ich habe nichts mehr, das ich dir geben könnte antwortete das Mädchen. Versprich mir, wenn du Königin wirst, dein erstes Kind schlug das Männlein vor. Wer weiß, wie das alles noch enden wird murmelte die Müllerstochter leise vor sich hin und nahm den Vorschlag an.

Großer Rechtschreibtest

Jetzt, am Ende des Buches, wird es noch einmal spannend. Hier kannst du zeigen, wie gut du mittlerweile in der Rechtschreibung bist!

Beweise,

1. dass du ein toller Rechtschreib-Detektiv bist, der jeden Fehler aufspürt, und
2. dass es keine Rechtschreibregel gibt, die du nicht kennst!

Ü 136

In jedem Abschnitt der angeführten modernen Sage mit dem Titel „Der sprechende Fisch" finden sich mehrere Rechtschreibfehler. Deren Anzahl ist am Beginn immer genau angegeben. Spüre sie auf, unterstreiche die fehlerhaften Wörter und schreibe sie richtig in die dafür vorgesehenen Spalten am Rand!

Am Ende jedes Abschnittes sind die Rechtschreibregeln angegeben, gegen die verstoßen wurde. Allerdings sind sie unvollständig! Ergänze sie!

Versuche die Aufgabe zu lösen, ohne dass du im Buch nachblätterst! Im Notfall darfst du natürlich schon nachschlagen.

1. Abschnitt: 8 Fehler

Der sprechende Fisch

Im südlichen Niederösterreich, auf halbem Weg zwischen Wien und dem Semmering, der die Grenze zum Bundesland Steiermark markiert, liegt Wiener Neustadt. in dieser Stadt befindet sich ein Realgymnasium, in das vor einigen Jahren ein Schüler namens Lukas ging.

Er war ein äußerst umgänglicher und freundlicher Knabe. Seine Klassenkolleginnen und -kollegen – alle Schülerinnen und Schüler der 1 c – mochten ihn. Lukas fühlte sich sehr Wohl in der Klasse. Was ihm aber Bauchweh verursachte, waren seine schlechten noten in Mathematik. Obwohl er wirklich viel und intensiv für dieses Unterrichtsfach lernte, wurden seine leistungen immer schlechter. Es war so, als hätte er ein Brett vor dem Kopf. In allen anderen Fächern war er guter Durchschnitt, ausgenommen in Turnen, da war er eindeutig der Beste, weil er der geschickteste, wendigste und schnellste war. Was half ihm aber all das?

Am Beginn des zweiten Semesters wusste Lukas nun weder aus noch ein. In der Schulnachricht war neben dem Fach „Mathematik" ein „Nicht genügend" zu lesen gewesen. Seine eltern erwarteten, dass er sich diese Note unbedingt ausbesserte. Aber wie sollte ihm das gelingen? Tag und Nacht nur mehr Mathematik lernen? Das brächte wahrscheinlich gar nichts. Nun kam der Termin für die nächste Schularbeit näher und näher, und er wurde immer unruhiger und deprimierter. Er konnte den Stoff einfach nicht begreifen, in der Nacht träumte er nur mehr von Zahlen.

Rechtschreibregeln, gegen die verstoßen wurde:

- Am Beginn eines Satzes schreibt man immer ____________.
- ____________ (Namenwörter) werden immer ____________ geschrieben. Man erkennt sie unter anderem auch an den Nachsilben, wie zum Beispiel -heit, -keit, -nis, -ung, -keit ...
- Adjektive (________________) schreibt man in der Regel ____________. Groß schreibt man sie nur, wenn sie wie ein N_________ (N______________) gebraucht werden. Man erkennt das daran, dass sich zum Beispiel ein Artikel auf das ____________ bezieht.

2. Abschnitt: 6 Fehler

Eine Woche vor der Schularbeit, es war ein sonniger Nachmittag, wartete er im Schulgarten darauf, dass ihn seine Mutter abholte. Sie schien sich zu verspäten, deshalb beschloß er, zum Schulbiotop zu marschieren und die Fische mit dem Rest seines Jausenbrotes zu füttern. Er hatte gerade mehrere Brotkrümel ins Wasser geworfen, da tauchte plötzlich ein Goldfisch auf, den er noch nie gesehen hatte, und sprach: „Grüss dich, Lukas! Ich habe schon auf dich gewartet." Der Bub konnte es nicht fassen. Träumte er oder hatte das Tier wircklich geredet? Er zwickte sich in den Oberschenkel und rieb sich seine Augen. Nein, er hatte nicht getreumt, auch wenn es unerklärlich war. Schüchtern fragte er: „Warum kennst du meinen Namen? Was willst du denn von mir?" „Ich kenne die Namen aller Schüler dieser Schule. Mit dir leide ich aber schon längere Zeit mit. Immer wieder sehe ich, wie sehr du dich in Mathematik plagst, dein Bemühen aber nicht belohnt wird. Einmal in meinem Leben darf ich einem Schühler helfen, und das sollst du sein", erwiderte der Fisch. „Niemand kann mir helfen", antwortete Lukas. Doch der Goldfisch liess diese Antwort nicht gelten und sprach: „Komm einen Tag vor der nächsten Mathematik-Schularbeit zu mir und ich werde dir die Beispiele samt Lösungen nennen. Einzige Bedingung ist, dass du niemandem davon erzählst." Obwohl Lukas noch immer nicht begreifen konnte, was da vor sich ging, nahm er das Angebot an. Da war der Fisch auch schon wieder verschwunden.

Rechtschreibregeln, gegen die verstoßen wurde:

- ß steht nur nach ____________ gesprochenem Vokal (S ______________).
- ss steht nur nach ____________ gesprochenem ____________ (________________).
- Nach l, m, n, r, das merk dir ja, steht nie _____ und nie _____!
- Ein Wort wird mit _____ geschrieben, wenn sich der Umlaut von einem au ableiten lässt.
- Wörter, die mit Qu, Sch oder T _________, verzichten auf ein Dehnungs-h im Wortinneren.

3. Abschnitt: 7 Fehler

Am Tag vor der Schularbeit war es wirklich so, wie es dass Tier gesagt hatte. Es tauchte auf, nannte die Beispiele und die Lösungen und lieferte zusätzliche Erklärungen. Der Schüler schrieb alles mit und bedankte sich. In der Nacht konnte Lukas kaum schlafen. Durfte er dem Fisch tatsächlich trauen? Und wirklich, es kamen genau diese Beispiele. Für Lukas war es ein Kinderspiel. Er bekam einen Einser. Sowohl sein Lehrer als auch seine Mitschüler waren überrascht.

Von diesem Tag an schrieb er nur mehr Einser. Das wäre auch weiterhin so gewesen, wäre da nicht Thomas, der früher Klassenbester in Mathematik gewesen war, auf Lukas eiffersüchtig geworden. Wie hatte er ihm nur seine Position streitig machen können? Er vermutete, das nicht alles mit rechten Dingen zuging, und so beschattete er ab diesem Moment seinen Klassenkollegen. Er verfolgte ihn auf Schritt und Tritt. Wie es das Schicksal wollte, beobachtete er Lukas eines Montagmorgens, wie er sich mit dem Goldfisch unterhielt und Informationen über die nächste Mathematik-Schularbeit erhielt. Dass durfte doch nicht wahr sein! Sofort sprang er hinter dem Busch, der ihm als Versteck gedient hatte, hervor und rief: „Jetzt habe ich dich, Du Betrüger! So also kommst Du zu Deinen tollen Noten! Das werde ich unserem Lehrer erzählen!" Lukas wurde schreckensbleich, und der Fisch tauchte sofort unter. Nur die Hälfte der Beispiele hatte er mitteilen können.

Rechtschreibregeln, gegen die verstoßen wurde:

- Wenn man statt das „dieses", „dies", „es" oder „welches" sagen bzw. einsetzen kann, schreibt man _______.
- Wenn man weder „dieses", „dies", „es" oder „welches" sagen bzw. einsetzen kann, schreibt man _______.
- Die vertrauliche ____________ (du, dir, dein, euch, euer …) wird immer ___________-geschrieben.

4. Abschnitt: 6 Fehler

Der Mathematik-Lehrer glaubte Gott sei Dank Thomas' eigentümliche Geschichte nicht. Und wider Erwarten schrieb Lukas wieder einen Einser. Wie war das möglich? Er hatte doch nur einen Teil der Aufgaben erfahren. Das ist leicht erklärt. Der Fisch hatte Lukas nicht nur die Beispiele genannt, sondern immer auch erklert, wie sie zu lösen waren. Dabei hatte der Junge so viel gelernt, dass er ein perfektes mathematisches Verstendnis entwickelt hatte. Er brauchte den Fisch im Grunde genommen gar nicht mehr, auch wenn er ihm ans Hertz gewachsen war, das wurde ihm nun klar. Er blieb der beste Mathematiker der Klasse. Thomas beobachtete ihn noch einige Zeit heimlich, er konnte aber nichts verdächtiges mehr feststellen.

Natürlich verbreitete sich das Gerücht vom sprechenden Fisch im Biotop, der Schularbeitsbeispiele bekant gibt, wie ein Lauffeuer in der Schule. Zwar glaubte es kaum jemand, aber fast jede Woche sah man Schüler zum Teich pilgern und hörte sie nach dem Goldfisch rufen. Der blieb jedoch für immer stumm.

Auch heute noch hofen manche Schüler auf die Hilfe der Fische im Schulbiotop. Vielleicht sprechen sie doch? Jedenfalls gibt es immer wieder Einser auf Mathematik-Schularbeiten.

Rechtschreibregeln, gegen die verstoßen wurde:

- Ein Wort wird mit ä geschrieben, wenn sich der Umlaut von einem _____ ableiten lässt.
- Nach ________ gesprochenem Vokal (Selbstlaut) steht fast immer ein Doppel___________ (__________________). Es erfolgt keine Verdoppelung, wenn ein zweiter Konsonant folgt.
- Nach unbestimmten _________________ wie alles, etwas, nichts, wenig, viel usw. schreibt man A________________ (_____________________) groß.
- Nach l, m, n, r, das merk dir ja, steht nie _____ und nie _____!

Schluss mit Problemen in Mathematik

1. Klasse HS/AHS

Aufsteigen in Mathematik 1

bietet zu jedem Lerngebiet der 1. Klasse HS/AHS

- einen kurzen, aber leicht verständlichen Erklärungsteil
- mehrere Musterbeispiele, die klar und deutlich zeigen, wie die Aufgabe gelöst und gerechnet werden soll
- einfache Merksätze
- zahlreiche Übungen in unterschiedlichen Schwierigkeitsgraden.

So fällt es leicht, den Lernstoff zu verstehen, zu festigen und die Note zu verbessern. Mit beigelegtem Lösungsheft!

ISBN 978-3-7074-0765-5

Mathematik muss kein „Schülerschreck" sein!

ISBN 978-3-7074-1109-6

Aufsteigen Mathematik Schularbeiten 1

hilft Schülerinnen und Schülern, sich speziell auf Schularbeiten vorzubereiten. Für jede der 4 Schularbeiten im Schuljahr gibt es 7 Probeschularbeiten mit je 4 Beispielen. Bei jedem Beispiel wird angeführt, zu welchem Stoffgebiet es gehört. Das heißt, wenn der vorzubereitende Schularbeitsstoff bekanntgegeben wird, kann man ganz gezielt die entsprechenden Probeschularbeiten und Beispiele auswählen. Im Lösungsteil ist der genaue Rechengang Schritt für Schritt vorgerechnet.

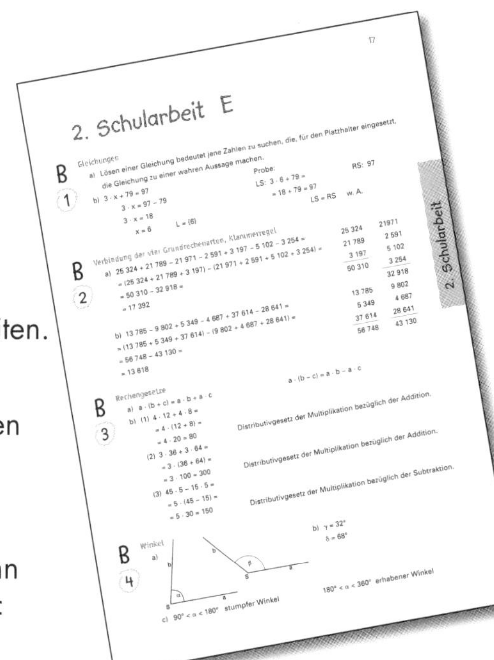

www.ggverlag.at G&G

Aufsteigen ... in DEUTSCH 1

Rechtschreiben

LÖSUNGSHEFT

G&G

1 der Löwe – die Löwen; der Baum – die Bäume; die Tante – die Tanten; der Neid – keine Mehrzahl; das Auto – die Autos; das Plakat – die Plakate; die Hose – die Hosen; die Bluse – die Blusen; die Blume – die Blumen; die Trauer – keine Mehrzahl

---

2

ärgern	das Ärgernis	erklären	die Erklärung
kränken	die Kränkung	schießen	die Schießerei
ereignen	das Ereignis	erzeugen	das Erzeugnis/der Erzeuger
erleben	das Erlebnis	fischen	die Fischerei/der Fischer
begraben	das Begräbnis	vertreten	die Vertretung/der Vertreter
landen	die Landung	verstehen	das Verständnis

3

krank	die Krankheit	fröhlich	die Fröhlichkeit
klug	die Klugheit	laben	die/das Labsal
reich	der Reichtum	sparsam	die Sparsamkeit
trüb	die Trübsal	flach	die Fläche
tief	die Tiefe	flüssig	die Flüssigkeit
gesund	die Gesundheit	trocken	die Trockenheit

4

schwach	der Schwächling	schnell	die Schnelligkeit
wissen	die Wissenschaft	früh	der Frühling
Freund	die Freundschaft	Meister	die Meisterschaft
lieb	der Liebling	Nachbar	die Nachbarschaft
müde	die Müdigkeit	feig	der Feigling
süß	die Süßigkeit	genau	die Genauigkeit

---

5 die Traurigkeit, die Erkenntnis, die Mannschaft, das Schicksal, die Schlägerei, die Freiheit, die Wachsamkeit, das Rittertum, die Zuverlässigkeit, die Landschaft

---

6 die Wirkung eines Mittels testen – wichtige Erfahrungen austauschen – das Ergebnis besprechen – an einem Begräbnis teilnehmen – jemandem seine Dankbarkeit zeigen – eine Verlobung feiern – von einem Ereignis sprechen – einen Irrtum zugeben – Barmherzigkeit zeigen – aus Dankbarkeit weinen – seinen Reichtum betonen – die Sicherheit in Frage (= infrage) stellen – große Lustlosigkeit verspüren – zum Training gehen

---

7

1. Bei der ersten Deutschschularbeit hatten wir eine Erlebniserzählung zu schreiben.
2. Die Marktfrau sagte zu ihrer Kundin: „Das sind köstliche steirische Äpfel."
3. Astrid Lindgren ist die Verfasserin des Kinderbuches „Immer dieser Michel".
4. Vor lauter Aufregung konnte mein Bruder nicht richtig schlafen.
5. Die Erleichterung stand dem Wanderer ins Gesicht geschrieben, als er glücklich im Tal ankam.
6. Mein Bruder hat zu Weihnachten das Buch „Das Austauschkind" von Christine Nöstlinger geschenkt bekommen.
7. Die Schülerin fragt den Buslenker: „Fährt der Bus Richtung Wr. Neustadt?"
8. Die Beschäftigung mit griechischer Geschichte ist sein liebstes Hobby.

(8) Eine tolle Überraschung

Am Samstag in der vergangenen Woche hatte ich Geburtstag. Schon Tage zuvor war ich sehr aufgeregt. Ich hatte nämlich nicht die leiseste Ahnung, was ich von meinen Eltern geschenkt bekommen würde. „Womit werdet ihr mich heuer überraschen?“, fragte ich sie. Sie gaben mir aber nur zur Antwort: „Lass dich überraschen!“ Schließlich war mein großer Tag gekommen. Am Nachmittag riefen mich meine Eltern ins Esszimmer und dort lagen auf dem Tisch mehrere Geschenke. Eine von meiner Mutter gebackene Torte, auf der groß die Zahl 11 zu lesen war, stand daneben. Aufgeregt riss ich ein Päckchen nach dem anderen auf. Das Buch „Robinson Crusoe“ kam ebenso zum Vorschein wie eine CD meiner liebsten Popgruppe und ein Fahrradschloss.

Voller Freude fiel ich meinen Eltern um den Hals und bedankte mich herzlich. Die Torte ließen wir uns gut schmecken.

---

(9) lesen/Lesen

1. Das Lesen macht mir Spaß. (Fall 1: Artikel vor Nomen)
2. Wir lesen im Deutschunterricht jede Woche einmal. (–)
3. Trage ich beim Lesen keine Brille, so bekomme ich Kopfschmerzen. (Fall 2: Versteckter Artikel vor Nomen)
4. Zum Lesen ziehe ich mich meistens in mein Zimmer zurück. (Fall 2: Versteckter Artikel vor Nomen)
5. Die Lehrerin lobt den Schüler: „Dein Lesen ist schon bedeutend besser geworden!“ (Fall 4: Fürwort gehört zur Nennform.)
6. Kannst du schon gut lesen? (–)
7. Mein Freund kann beinahe fehlerfrei lesen. (–)
8. Lautes Lesen wirkt auf mich ermüdend. (Fall 4: Adjektiv gehört zur Nennform.)
9. Eine meiner liebsten Freizeitbeschäftigungen ist Lesen. (Fall 3: Artikel kann vor Nennform gesetzt werden.)

---

(10)

Die Kinder lachen.	das Lachen der Kinder
Das Mädchen weint.	das Weinen des Mädchens
Das Auto quietscht.	das Quietschen des Autos
Die Bienen summen.	das Summen der Bienen
Der Wind heult.	das Heulen des Windes
Die Schüler singen.	das Singen der Schüler
Der Bach plätschert.	das Plätschern des Baches
Das Schwein grunzt.	das Grunzen des Schweins

---

(11)

1. Essen und Trinken sind in der Schulbibliothek verboten.
2. Das richtige Bedienen eines Computers ist nicht schwierig.
3. Ich spüre das Schlagen meines Herzens.
4. Das Backen guter Salzburger Nockerln ist schwierig.
5. Das Überqueren einer Kreuzung bei Rot ist nicht ratsam.

12 Wie die Aufgaben verteilt werden, ist deine Sache. Folgende nominalisierte Verben sind zu bilden:
das Machen der Betten, das Ausleeren des Mistkübels, das Abstauben der Regale, das Einkaufen der Lebensmittel, das Waschen der Wäsche, das Versorgen der Haustiere, das Abwaschen des Geschirrs, das Ausräumen des Geschirrspülers, das Einräumen des Geschirrspülers, das Decken des Tisches, das Kochen, das Herrichten der Jause, das Aufwischen, das Einzahlen der Erlagscheine und Aufgeben der Briefe

---

13 Pferde wiehern – das Wiehern der Pferde; Kühe muhen – das Muhen der Kühe; Schweine grunzen – das Grunzen der Schweine; Schafe blöken – das Blöken der Schafe; Hunde bellen – das Bellen der Hunde; Katzen miauen – das Miauen der Katzen; Ziegen meckern – das Meckern der Ziegen; Hühner gackern – das Gackern der Hühner; Tauben gurren – das Gurren der Tauben; Gänse schnattern – das Schnattern der Gänse; Frösche quaken – das Quaken der Frösche

---

14 1. schnell laufen – schnelles Laufen; 2. laut rufen – lautes Rufen; 3. gewissenhaft arbeiten –gewissenhaftes Arbeiten; 4. stotternd lesen – stotterndes Lesen; 5. leise vortragen – leises Vortragen; 6. ungerechtfertigt schimpfen – ungerechtfertigtes Schimpfen; 7. ständig essen – ständiges Essen; 8. schön schreiben – schönes Schreiben

---

15 Fußball spielen – das Fußballspielen – beim Fußballspielen - zum Fußballspielen;
Auto fahren – das Autofahren – beim Autofahren – zum Autofahren;
Schi fahren – das Schifahren – beim Schifahren – zum Schifahren;
Rad fahren – das Radfahren – beim Radfahren – zum Radfahren;
Aufgabe machen – das Aufgabemachen – beim Aufgabemachen – zum Aufgabemachen;
Gitarre spielen – das Gitarrespielen – beim Gitarrespielen – zum Gitarrespielen

---

16 Schi fahren
Zum Schifahren benötigt man eine entsprechende Ausrüstung. Barbara kann leider noch nicht Schi fahren. Sie wird das Schifahren aber im nächsten Winter sicher lernen. Regelmäßiges Schifahren verbessert die Kondition.

Aufgaben machen
Lernen und Aufgabenmachen gehören nicht zu Silvias liebsten Tätigkeiten. Trotzdem versucht sie sich beim Aufgabenmachen richtig zu konzentrieren. Mitten im Aufgabenmachen lässt sie den Bleistift fallen und läuft davon. Petra muss jetzt ihre Aufgaben machen.

---

17 Snowboarden und Schifahren machen Spaß, wenn man sich an wichtige Regeln hält.

1. Das Beachten von Pistenregeln, Markierungen und Hinweisschildern wird von jedem Schifahrer oder Snowboarder erwartet.
2. Überlegtes Handeln und rücksichtsvolles Verhalten auf der Piste sind gefragt.
3. Vor der ersten Abfahrt sollte man Übungen zum Aufwärmen machen.

4. Das Abschwingen oberhalb der Gruppe ist strengstens untersagt.
5. Das Fahren knapp neben der Liftspur kann gefährlich werden.
6. Regelmäßiges Überprüfen der Bindungseinstellung durch einen Fachmann ist ratsam.
7. Beim Queren einer Schleppliftspur ist besonders Acht zu geben (= achtzugeben).
8. Das Schussfahren auf überfüllten Pisten gefährdet dich und andere.
9. Vordrängen und Rempeln sollten beim Anstellen beim Lift unterlassen werden.
10. Das Aussteigen während der Fahrt mit dem Schlepplift ist verboten.

---

(18)

1. Thomas geriet beim Klettern ordentlich ins Schwitzen.
2. Dein ständiges Tratschen geht ihm schön langsam auf die Nerven.
3. (Das) Zeichnen und (das) Werken sind seine liebsten Unterrichtsfächer.
4. Durch regelmäßiges Üben werden sich deine Noten in Mathematik bestimmt verbessern.
5. Von weitem ist ein Dröhnen und Klirren zu vernehmen. Deshalb schließt meine Mutter das Fenster.
6. Das Abhören von Nachrichten auf der Mailbox ist keine Hexerei.
7. Beim Hausarzt herrscht ein ständiges Kommen und Gehen.
8. Meine Hobbys sind: (das) Schifahren, (das) Singen, (das) Skateboarden und (das) Zeichnen.
9. Unser Turnprofessor legt auf gründliches Aufwärmen großen Wert.
10. Sowohl das Laufen als auch das Springen macht uns großen Spaß. Vom Schwimmen sind ebenfalls viele begeistert.

---

(19) lieb – das Liebe – nichts Liebes – manch Liebes; süß – das Süße – allerlei Süßes – etwas Süßes; traurig – das Traurige – wenig Trauriges – vielerlei Trauriges; sauer – das Saure – viel Saures – wenige Saures; brauchbar – das Brauchbare – etwas Brauchbares – manch Brauchbares; angenehm – das Angenehme – nichts Angenehmes – allerlei Angenehmes; interessant – das Interessante – alles Interessante – viel Interessantes; lustig – das Lustige – wenig Lustiges – manch Lustiges.

---

(20)

der Gute	der Böse	die Fleißige	die Faule
die Hässliche	die Schöne	der Verlogene	der Ehrliche
der Brave	der Schlimme	der Dumme	der Kluge/der Gescheite
der Arme	der Reiche	die Große	die Kleine
der Zuverlässige	der Unzuverlässige	der Heitere	der Traurige

---

(21) Liebe Hanna!

Ich wünsche dir alles **L**iebe und **G**ute zu deinem 11. Geburtstag. Sicherlich bekommst du viele **t**olle Geschenke und etwas besonders **L**eckeres zum Essen an deinem **g**roßen Tag.

Das **N**eueste habe ich dir noch gar nicht erzählt. Zu meinem Namenstag haben mich meine Eltern mit einem **k**leinen Tigerkätzchen überrascht. So etwas **S**üßes und **N**iedliches habe ich noch nie gesehen. Ich habe ihm den Namen Tommy gegeben, denn es handelt sich um einen Kater. Der **K**leine – so nennt ihn mein Papa, weil er erst vier Wochen alt ist – macht mir viel Freude. Viel **L**ustiges und

Aufregendes habe ich schon mit ihm erlebt. Damit ich bei seiner Pflege nichts falsch mache, habe ich bereits in einem Tierbuch nachgelesen. Darin habe ich allerlei **I**nteressantes und **L**ehrreiches über Katzen erfahren. Du musst jedenfalls bald zu Besuch kommen, damit du dir mein Haustier ansehen kannst.
Übrigens, in zwei Wochen ist Halloween. Hast du wieder Lust, mit mir und meinen beiden Freundinnen von Haustür zu Haustür zu ziehen und den Leuten **S**üßes oder **S**aures anzubieten? Gib mir Bescheid! Genieße deinen Festtag!
Liebe Grüße von deiner Freundin Barbara

22

1. Der Fernsehsprecher beendet seine Ansage mit folgenden Worten: „Liebe Zuseherinnen und Zuseher, ich wünsche Ihnen bei der nachfolgenden Sendung gute Unterhaltung!"
2. Michael fragt seine Mutter: „Hast du mein neues T-Shirt gesehen?"
3. Der Lautsprecher verkündet: „Bitte treten Sie zurück. Der Zug nach Salzburg fährt ein."
4. „Warum musst du dir immer das größte Stück Kuchen nehmen?", fragt Hedwig ihren Bruder.
5. „Wer von euch hat die schwierige Textaufgabe richtig lösen können?", fragt die Mathematiklehrerin ihre Schüler.
6. „Deine Eltern haben dir geschrieben!", informiert Tante Edith ihren Neffen.

23

Sehr geehrter Herr Prof. Aberl!
Da Sie der Leiter unserer Wintersportwoche sind, wenden wir uns mit einer großen Bitte an Sie. Sie haben uns vor kurzem darüber informiert, dass es im Sportheim, in dem wir untergebracht sind, ein 10-Bett-Zimmer gibt. Wie Ihnen sicher bekannt ist, sind wir in unserer Klasse genau zehn Mädchen, und wir würden gerne zusammen dieses Zimmer belegen. Wir alle verstehen uns hervorragend und es wäre schade, wenn wir in verschiedenen Zimmern liegen würden. Wir hoffen, dass Sie unseren Wunsch erfüllen können.
Mit freundlichen Grüßen
die Schülerinnen der 2a

Sehr geehrte Frau Direktor Jakob!
Wir, die Schülerinnen und Schüler der 1b, möchten gerne unseren Klassenraum freundlicher gestalten, indem wir bunte Vorhänge aufhängen und die Klasse neu ausmalen. Dazu benötigen wir allerdings Ihre Erlaubnis und ersuchen Sie daher, uns diese zu erteilen. Unser Klassenvorstand weiß bereits Bescheid und wird mit Ihnen noch ein Gespräch führen.
Wichtig ist, dass Sie wissen, dass der Schule keine zusätzlichen Kosten anfallen. Unsere Eltern wären nämlich bereit, die Vorhänge zu besorgen und sie zu nähen. Außerdem würde uns der Vater eines Schülers, der Maler ist, die Farbe gratis zur Verfügung stellen und uns beim Ausmalen helfen. Auch würden wir dafür sorgen, dass die Klasse gereinigt wird, nachdem wir ausgemalt haben. Das versprechen wir Ihnen. Wir hoffen, dass Sie unser Vorhaben erlauben.
Mit freundlichen Grüßen
die Schülerinnen und Schüler der 1b

24 Lieber Thomas!
Am 31. Oktober findet bei mir zu Hause wie jedes Jahr eine tolle Halloween-Party statt. Natürlich bist du/Du herzlich dazu eingeladen. Ich habe bereits eine entsprechende Dekoration für das Fest gebastelt und mir verschiedene Spiele überlegt. Vielleicht fällt dir/Dir auch ein besonders lustiges Spiel ein. In diesem Zusammenhang hätte ich eine große Bitte an dich/Dich: Wärst du/Du so nett und könntest du/Du mir bei den Vorbereitungen für die Party helfen? Zwar unterstützen mich meine Eltern bei all den Arbeiten, aber du/Du könntest sicher gute Dienste leisten. Vor allem hast du/Du immer sehr gute Ideen.
Übrigens, in einem Buch, das mir meine Tante geliehen hat, habe ich einige gruselige Geschichten gefunden, die ich dir/Dir und den anderen Gästen gerne vorlesen möchte – natürlich nur bei Kerzenschein, damit es besonders schaurig wird. Ich hoffe, du/Du hast gute Nerven.
Bring bitte deine/Deine Lieblings-CDs mit, damit wir gute Musik hören können! Überlege dir/Dir, welche am besten zur Halloween-Party passen und eine gruselige Stimmung erzeugen!
Die Party beginnt offiziell um 18 Uhr, das Ende habe ich für 21 Uhr angesetzt. Wenn du/Du mir hilfst, kommst du/Du natürlich schon früher. Meine Eltern haben erlaubt, dass du/Du bei mir übernachten darfst. Ein Schlafsack liegt schon bereit. Vergiss nicht, dich/Dich zu kostümieren. Ich möchte nämlich, dass sich nur Zauberer, Hexen und Vampire bei mir versammeln.
Auf dein/Dein Kommen freut sich dein/Dein Freund Peter

25
1. „Können Sie denn nicht aufpassen?", fauchte der alte Mann die Dame beim Einsteigen in den Zug an. „Können Sie das Drängeln denn nicht lassen?"
2. Reden ist Silber, Schweigen ist Gold. So lautet ein bekanntes Sprichwort. Sie versteht es, zur richtigen Zeit zu schweigen.
3. Das wichtigste Gut des Menschen ist die Gesundheit. Sie kann man sich leider mit Reichtum nicht kaufen.
4. Peter hat bereits alles Notwendige für die Party eingekauft. Seine Freunde haben sich sowohl Süßes als auch Salziges gewünscht. Die Zufriedenheit steht ihm ins Gesicht geschrieben.
5. Viele Menschen haben eine schweres Schicksal zu ertragen.
6. Tugenden wie Freundlichkeit und Höflichkeit sind auch heute noch gefragt.
7. Simons liebstes Hobby ist Fußballspielen. Er darf aber erst in den Hof zu seinen Freunden, wenn er die Aufgabe gemacht hat.

---

26 Liebe Frau Kummer!
Wir danken Ihnen (1) für Ihren (2) netten Brief, den Sie uns aus Saalbach geschrieben haben. Es freut und zu hören (3), dass Ihnen Ihr (4) Winterurlaub großen Spaß (5) macht. Wir beneiden Sie richtig. Wir sitzen an unserem Schreibtisch und lernen und Sie flitzen die tollsten Hänge hinunter. Gibt es etwas Schöneres (6)? Wie geht es Ihnen eigentlich beim Snowboarden (7)? Machen Sie Fortschritte (8)? Wenn Sie mit ähnlicher Begeisterung (9) wie beim Schifahren bei der Sache sind, dann ist das sicher der Fall. Wir freuen uns schon auf einen gemeinsamen Schitag mit Ihnen. Bei uns zu Hause läuft alles hervorragend (10). Ihr Hund fühlt sich recht wohl in

unserer Mitte. Zum Fressen (11) bekommt er von uns nur das Beste (12). Dafür bedankt er sich nach jeder Mahlzeit mit lautem Bellen (13). Geht er Ihnen schon ab? Genießen Sie die Ihnen verbleibenden Urlaubstage! Auf ein baldiges Wiedersehen (14) freuen sich Ihre (15) Nachbarskinder
Simon und Melanie

---

27 **Wörter mit langem Vokal:** fragen, sagen, wohl, der Ofen, beten, liegen, der Segen
Wörter mit kurzem Vokal: die Bitte, fallen, wimmern, die Ratte, das Bett, offen, die Wolle

---

28

nennen	sie nennt	sie nannte	sie hat genannt	die Genannte
schwimmen	er schwimmt	er schwamm	er ist geschwommen	der Schwimmer
brennen	es brennt	es brannte	es hat gebrannt	der Brand
nehmen	er nimmt	er nahm	er hat genommen	die Übernahme
kennen	sie kennt	sie kannte	sie hat gekannt	die Kennzahl
kommen	er kommt	er kam	er ist gekommen	das Einkommen
schneiden	er schneidet	er schnitt	er hat geschnitten	der Schnitt
greifen	sie greift	sie griff	sie hat gegriffen	der Griff
pfeifen	er pfeift	er pfiff	er hat gepfiffen	der Pfiff
fallen	sie fällt	sie fiel	sie ist gefallen	das Gefälle

29

1. Schon seit mehreren Tagen litten die Menschen unter der großen Hitze.
   leiden: ich leide, du leidest
2. Erhobenen Hauptes schritt die Prinzessin durch den Ballsaal.
   schreiten: ich schreite, du schreitest
3. Mit ihren Pferden ritten Sybille und Annika über Wiesen und Felder.
   reiten: ich reite, du reitest
4. Bernhard nahm Anlauf und glitt mehrere Meter über das Eis.
   gleiten: ich gleite, du gleitest
5. Die Kuh trottete zur Tränke und soff einige Liter Wasser.
   saufen: ich saufe, du saufst

30

1. Die Fahrradprüfung schafften alle beim ersten Mal.
2. Da das Messer schon recht stumpf war, schliff es die Köchin.
3. Innerhalb weniger Tage schuf der international bekannte Künstler ein neues Kunstwerk.
4. Ohne dass sie es bemerkte, schleifte ihr Mantel beim Gehen am Boden.
5. Er lief hin und schaffte das Hindernis schnell aus dem Weg.
6. Der Bergsteiger schleifte seinen Rucksack hinter sich her.
7. Der weltberühmte österreichische Komponist Wolfgang Amadeus Mozart schuf zahlreiche Opern.
8. Bevor er den Parkettboden neu versiegelte, schliff er ihn ab.

31

- folgen/die Folgen, das Gift, das Gespenst, das Heft, falten/die Falten, die Gestaltung, melden, kalt
- die Wendung, die Erkältung, festhalten, mancher, verständlich

- die Luft, klatschen, heftig, der Hengst, lüften, gesamt, der Strand, samt/der Samt
- die Eltern, der Filz, die Menge, die Stadt, streng, der Lift, der Schnaps, der Sumpf

---

32

Kamm	Nummer	kennen	Tonne	Butter	Watte
Stamm	Kummer	nennen	Sonne	Mutter	Matte
Lamm	Hummer	brennen	Wonne	Kutter	Latte
Schwamm	Summer	rennen	Nonne	Futter	Platte
Schlamm	Schlummer	Hennnen			

33

ll: Fall/Knall; Stille/Wille; Falle/Qualle; Stelle/Quelle; Welle/Zelle
ff: schlaff/straff; Pfeffer/Treffer; gaffen/schaffen
pp: Kuppe/Truppe; Lappen/Happen; klappern/plappern; Kappe/Pappe; Sippe/Lippe; wippen/kippen
rr: Karren/Barren; murren/knurren

34

1. Libellen sind Insekten, die in erster Linie am Wasser leben.
2. Julian hat gestern in der Turnhalle seine Uhr liegen gelassen.
3. Grillen gehören zur Gruppe der Heuschrecken.
4. „Jemandem das Fell über die Ohren ziehen“ ist eine bekannte Redensart.
5. Manche Menschen rauchen lieber Zigarren als Zigaretten, beides ist jedoch ungesund.
6. Die Wohnung meiner Tante liegt im Parterre.
7. Am außergewöhnlichen Schnurrbart habe ich den Mann wiedererkannt.
8. Herr Huber ist unser nettester Nachbar.

35

1. Flügelmappe – Klippenspringer – Kürbissuppe – Suppenteller – Rippenprellung – Brillenetui – Wollpullover – Gefängniszelle – Schinkenrolle
2. Dürreperiode – Geschirrtuch – Gitarrensaite – Faschingsnarr – Türgriff – Affenkäfig – Schlusspfiff – Dampfschiff – Geheimwaffe

---

36

1. Bagger
2. Ebbe
3. Flagge
4. Widder
5. Pudding
6. Roggen
7. Dogge
8. Egge
9. Addition
10. Krabbe

E	B	B	E	B	E	I	D	W	O
Z	O	I	H	A	C	X	O	E	J
K	K	E	N	G	U	T	G	A	R
F	R	N	P	G	I	O	G	D	O
L	A	E	U	E	G	G	E	D	G
A	B	S	D	R	F	U	L	I	G
G	B	S	D	L	I	E	B	T	E
G	E	W	I	D	D	E	R	I	N
E	L	A	N	Ö	H	N	E	O	D
H	M	I	G	P	F	U	C	N	S

37

der Bagger	baggern	das Dribbling	dribbeln
die Krabbelstube	krabbeln	kribbelig	kribbeln
die Robbe	robben	der Schmuggler	schmuggeln
die Addition	addieren	schwabbelig	schwabbeln
das Knabbergebäck	knabbern	das Paddelboot	paddeln

38 Gewinnnummer, Gewinn-Nummer; Bestellliste, – ; Stofffetzen, Stoff-Fetzen; Sauerstoffflasche, Sauerstoff-Flasche; Fetttropfen, Fett-Tropfen; Brennnessel, –; Schritttempo, Schritt-Tempo; Wettturnen, –; Geschirrreiniger, Geschirr-Reiniger; Kontrolllampe, –

39 krank – schlank; Laken – Haken; Schinken – sinken – blinken – winken; Bank – Schrank; Socken – locken; gucken – spucken – zucken; Brücke – Lücke – Stücke – Mücke; bücken – zücken – Rücken; backen – hacken – packen – Zacken; schlecken – lecken – pecken

40 Unglücksrabe, Bettlaken, Wohnzimmerschrank, Werkzeugkiste, Schicksalstag, Stockzahn, Tintenklecks, Speckknödel, Parkbank, Lenkrad, Kleiderhaken, Vorbildwirkung

41 schau**k**eln, verste**ck**en, hei**k**el, Unglü**ck**, flin**k**, Fin**k**, geschi**ck**t, qua**k**en, blö**k**en, Stär**k**e, Ku**ck**u**ck**, me**ck**ern, Par**k**, Nel**k**e, verwel**k**t

42

1. der Anorak, das Diktat, die Direktorin, der Doktor, die Fabrik, der Inspektor, das Krokodil, das Lokal, die Lokomotive, der Mechaniker, die Musik, der Optiker, das Produkt, das Risiko, die Schokolade, die Sekunde, die Technik, der Traktor

2. A: Schokoladepudding, Krokodilleder, Traktorführerschein, Diktatheft, Produktname, Doktortitel, Musiklehrer, Sekunde(n)zeiger, Optikerlehre

2. B: Falttechnik, Schulinspektor, Daunenanorak, Automechaniker, Schuhfabrik, Volksschuldirektorin, Tanzlokal, Unfallrisiko, Spielzeuglokomotive

43 **Wortfamilien: hacken – der Haken**

1. Die Ha**ck**e, die ich erst vor kurzem gekauft habe, liegt neben dem Ha**ck**stock.
2. Wir werden bald eine Ha**ck**schnitzelheizung bekommen.
3. Benutze den freien Kleiderha**k**en und hänge deinen Mantel dort auf!
4. Vater ist in der Hütte und ha**ck**t Holz.
5. Tanja fragt ihre Freundin Carina, ob sie sich bei ihr einha**k**en dürfe, als sie die Schule verlassen.

Wortfamilien: backen – packen

1. Vor Weihnachten werden bei uns zu Hause viele Kekse ge**back**en.
2. Meine Mutter schiebt das **Back**blech in das **Back**rohr.
3. Hilfst du mir beim Koffer**pack**en?
4. Manuel reißt die Chips**pack**ung auf, ohne vorher gefragt zu haben.
5. Am Frühstückstisch stand ein Körbchen mit Brot und Ge**bäck** und daneben lag ein an mich adressiertes **Päck**chen. (ABER: das Paket)

44

der Schutz	schützen	die Spitze	spitzen
die Verletzung	verletzen	der Nutzen	nutzen
der Putz	putzen	der Kratzer	kratzen
die Spritze	spritzen	der Blitz	blitzen
der Sitz	sitzen	der Schmutz	(ver-)schmutzen
der Einsatz	einsetzen	der Besitzer	besitzen

45

heizen	die Heizung	stürzen	der Sturz
kreuzen	die Kreuzung	kürzen	die Kürze
salzen	das Salz	glänzen	der Glanz
scherzen	der Scherz	pflanzen	die Pflanze
schmerzen	der Schmerz	würzen	die Würze
seufzen	der Seufzer	wälzen	die Walze
reizen	der Reiz	schnäuzen	die Schnauze

46

1. Thomas schmatzte entsetzlich laut, während er das zu wenig gesalzene Wiener Schnitzel verspeiste.
2. Die schwarze Katze unseres Nachbarn setzte sich plötzlich auf den Holzstoß.
3. Stolz kam Fritz mit mehreren essbaren Pilzen, die er im Wald gefunden hatte, nach Hause und nahm zufrieden auf der Sitzbank im Garten Platz.
4. Der Besitzer des Tanzlokals ist leider schwer gestürzt und liegt verletzt im Krankenhaus.
5. Das reizende Fräulein seufzte laut auf, als zu guter Letzt auch noch die Heizung ausfiel.
6. An den Sturz mit dem Fahrrad erinnerte nur mehr ein winziger Kratzer am rechten Knie.
7. „Du musst die Suppe unbedingt noch ordentlich würzen!“, sagt der schwitzende Koch etwas gereizt zu seinem Lehrling.
8. Den Witz, den mir meine Freundin erzählt hat, habe ich mir leider nicht merken können.

47

die Wohnung putzen, eine Glatze bekommen, die Treppe hinunterfallen, die Suppe scharf würzen, eine Mütze aufsetzen, den Vorgesetzten grüßen, die Kerze ausblasen, einen Arzt aufsuchen, über den Hauptplatz stolzieren, an der Kreuzung stehen bleiben, Weizenbrot in Scheiben schneiden

48

l oder ll?

bestellen, zusammenprallen, einschalten, das Gebrüll, die Erfüllung, die Schulter, die Kälte, der Knallkörper, der Zitronenfalter, das Zeltlager, die Sonnenbrille, der Held, die Helligkeit, die Eltern, gelten, der Schalterbeamte, wollen, erhalten

r oder rr?

herrlich, die Beherrschung, die Verwirrung, durstig, der Kirschkern, ein dürrer Ast, die Zerrung, die Härte, der Irrtum, das Geknurre, herbstlich, der Hirtenhund, der Herrscher, die Schärfe

m oder mm?
ste**mm**en, die Hi**m**beere, der Fre**m**de, schu**mm**eln, die Überschwe**mm**ung, wir ka**m**en, nu**mm**erieren, zusa**mm**en, schi**m**pfen, sä**m**tliche Kinder, die Schwi**mm**-halle, i**m**pfen, die Briefmarkensa**mm**lung, die Ku**mm**ernu**mm**er, die La**m**pe, das He**m**d, insgesa**mt**

n oder nn?
erke**nn**en, die Spa**nn**ung, der Verba**n**d, der Gewi**nn**er, niema**n**d, der Wi**n**kel, die Regento**nn**e, das Bre**nn**holz, der Gena**nn**te, der Großbra**n**d, beka**nn**t, si**n**ken, der So**nn**enschirm, die Tischka**n**te, Do**nn**erstag, wa**nn**, das Wu**n**der, das Schire**nn**en, besi**nn**en

p oder pp?
aufpum**p**en, das Tre**pp**engeländer, der Pu**pp**enspieler, stol**p**ern, die Ka**pp**e, ver-do**pp**eln, die Schreibtischlam**p**e, die Steinpilzsu**pp**e, der Ho**p**serlauf, das Gi**p**sbein, zerlum**p**t, der Te**pp**ichklopfer, der Baumwi**p**fel, der Pa**pp**teller, hol**p**rig

t oder tt?
mi**t**nehmen, die We**tt**ervorhersage, die Fahrradke**tt**e, die Bi**tt**e, anbie**t**en, zu dri**tt**, das We**tt**büro, bemi**t**leiden, die Mie**t**wohnung, der Ausri**tt**, ausrei**t**en, das Bu**tt**er-brot, die Mi**tt**e, das Gebe**t**, das Fliegengi**tt**er, betre**t**en, der Fußtri**tt**, der Schni**tt**, das Ra**t**espiel

f oder ff?
pfei**f**en, die Hil**f**e, der Pfi**ff**, begrei**f**en, geschli**ff**en, der Begri**ff**, die Winterrei**f**en, die Wa**ff**e, schlei**f**en, der Grei**f**vogel, die Ho**ff**nung, hel**f**en, die Sei**f**e, das Ri**ff**, der Anru**f**, seu**f**zen, das Dampfschi**ff**, der Pfe**ff**erstreuer, der He**f**tumschlag, he**f**tig

---

49

1. Der Lehrer hat alle Übungen in meinem Heft abgeha**k**t.
2. Ich möchte den Kachelofen anheizen. Könntest du bitte das Holz ha**ck**en?
3. Die Eltern win**k**en ihren Kindern, die in einem Bus auf Sommerlager fahren, nach.
4. Die Nel**k**en in der Vase sind leider schon verwel**k**t.
5. Darfst du überhaupt schon ein Auto len**k**en?
6. Dieser A**ck**er wird gerade vom Bauern gepflügt.
7. Vor lauter Schre**ck** fiel ihm der Teller hinunter und zersprang in viele kleine Stü**ck**e.

50

1. Die Spi**tz**e von Peters Bleistift ist abgebrochen.
2. Maria blin**z**elt mit den Augen, weil sie direkt in die Sonne schaut.
3. Thomas wird wegen einer Blinddarmrei**z**ung ins Krankenhaus eingeliefert.
4. Heute dürfen wir die vierte Ker**z**e am Adventkran**z** anzünden.
5. Tro**tz** seiner Verle**tz**ung konnte er weiterfahren.
6. Ins Haus unserer Tante hat beim le**tz**ten Gewitter ein Bli**tz** eingeschlagen.
7. Gan**z** richtig hast du die Aufgabe allerdings nicht gelöst!

51

Das S**k**elett
Das Gerüst, das unseren Körper stü**tz**t, heißt S**k**elett. Es gibt ihm nicht nur seine Form, sondern schü**tz**t wichtige Organe wie das Gehirn und das Her**z**, das ein kräftiger Mus**k**el ist und das Blut in jeden Win**k**el des Körpers pumpt.
Das S**k**elett besteht aus ein**z**elnen Knochen. Diese sind durch Gelen**k**e miteinander verbunden. Dadurch wird erreicht, dass es tro**tz** der harten Knochen sehr beweglich ist.

Das **Sk**elett ist eine äußerst tragfähige Stru**k**tur und besteht aus ungefähr 200 verschiedenen Knochen. Schädel, Wirbelsäule, Rippen und Brustbein bilden den Hauptteil des **Sk**eletts. Die Knochen der Arme, Schultern, Beine und des Be**ck**ens sind an ihm befestigt. Der längste aller Knochen ist der Oberschen**k**elknochen.

---

52 lassen – hassen; Pass – Fass; nass – Hass; müssen – küssen; fassen – passen; Kuss – Nuss; Verdruss – Schluss; Klasse – Masse; Rasse – Tasse; vermissen – wissen; hissen – Kissen; essen – messen; Schüssel – Rüssel; Presse – Messe; Fessel – Sessel; Tintenfass – Kontrabass

---

53 das Klassenzimmer, der Rassehund, das Schlossgespenst, der Messerrücken, das Schlüsselloch, der Kussmund, die Bisswunde, die Passkontrolle

---

54 hassen – hasste – gehasst; fassen – fasste – gefasst; passen – passte – gepasst; küssen – küsste – geküsst; vermissen – vermisste – vermisst; verbessern – verbesserte – verbessert

---

55 der Gruß – die Grüße, das Maß – die Maße, der Spaß – die Späße, der Stoß – die Stöße, die Soße – die Soßen

---

56 gießen: Gießkanne, Gießerei; schließen: Schließfach, verschließbar, Schließung; grüßen: Grußwort, grußlos, Grußformel; spaßen: Spaßmacher, spaßig, Spaß; fließen: fließend, das Fließband

---

57

genießen	genoss	genossen	der Genu**ss**
heißen	hieß	geheißen	die Verhei**ß**ung
schließen	schloss	geschlossen	der Schlu**ss**
beschließen	beschloss	beschlossen	der Beschlu**ss**
süßen	süßte	gesüßt	die Sü**ß**igkeit
reißen	riss	gerissen	der Rei**ß**verschluss
vergrößern	vergrößerte	vergrößert	die Vergrö**ß**erung
fressen	fraß	gefressen	der Fra**ß**
lassen	ließ	gelassen	der Anla**ss**
vergessen	vergaß	vergessen	die Verge**ss**lichkeit
messen	maß	gemessen	das Ma**ß**band
beißen	biss	gebissen	der Bei**ß**korb

58

1. Meine Mutter gibt statt Zucker Sü**ß**stoff in den Kaffee.
2. Mein Gott, bist du ein gefrä**ß**iger Kerl!
3. Die Lieblingsblumen meiner Tante sind Vergi**ss**meinnicht.
4. Der Bi**ss** einer Giftschlange kann tödlich sein.
5. Steig aufs Flo**ß** und halt dich gut fest!
6. Schon längere Zeit wei**ß** ich, dass ich zu Weihnachten ein neues Snowboard geschenkt bekomme.
7. Leider ist der Ri**ss** in der Wand grö**ß**er geworden.

8. Der Polizei ist es immer noch nicht gelungen, den Täter zu fa**ss**en.
9. „Legt bitte eure Hefte auf einen Sto**ß**!“, bittet der Lehrer seine Schüler.
10. Ihm wurde vor lauter Aufregung ganz hei**ß**.

59

nieseln	nieselte	genieselt	der Nie**s**elregen
lösen	löste	gelöst	die Lö**s**ung
brausen	brauste	bebraust	die Brau**s**e
blasen	blies	geblasen	das Geblä**s**e
reisen	reiste	gereist	die Rei**s**e
beweisen	bewies	bewiesen	der Bewei**s**
sausen	sauste	gesaust	der Sau**s**ewind
verlosen	verloste	verlost	die Verlo**s**ung
speisen	speiste	gespeist	die Spei**s**ekarte
rasen	raste	gerast	der Ra**s**er

60

der Kreis	die Kreise	die Reise	die Reisen
die Speise	die Speisen	der Preis	die Preise
das Los	die Lose	das Gras	die Gräser
der Riese	die Riesen	die Meise	die Meisen

61

das Erlebnis	die Erlebnisse	das Gefängnis	die Gefängnisse
der Iltis	die Iltisse	das Geheimnis	die Geheimnisse
das Zeugnis	die Zeugnisse	das Verzeichnis	die Verzeichnisse
der Autobus	die Autobusse	der Kürbis	die Kürbisse
das Ereignis	die Ereignisse	das Begräbnis	die Begräbnisse
das Hindernis	die Hindernisse	die Kenntnis	die Kenntnisse

---

62 die Glasflasche – die Riesenschildkröte – die Hosenbeine – der Hausbewohner – der Speisekürbis – das Dosengulasch – das Lesezeichen – der Gaskocher – der Nieselregen – das Mausloch

---

63 außen – außerhalb – (am) besten – bisher – (ein) bisschen – deshalb – draußen – fast – Fliesen – interessant – meistens – Misserfolg – missverstehen – niesen – nirgends – regelmäßig – schließlich – übrigens

---

64

1. Wa**s** du heute kann**st** besorgen, da**s** verschiebe nicht auf morgen!
2. E**s** wird nicht**s** so hei**ß** gege**ss**en, wie e**s** gekocht wird.
3. Schmerz, la**ss** nach!
4. Ohne Flei**ß** kein Prei**s**!
5. Den Letzten bei**ß**en die Hunde.
6. Wa**s** ich nicht wei**ß**, macht mich nicht hei**ß**.
7. Der Krug geht so lange zum Brunnen, bi**s** er bricht.
8. Hunger i**st** der be**st**e Koch.
9. Ein gute**s** Gewi**ss**en ist ein sanfte**s** Ruheki**ss**en.
10. Auch Spa**ß** mu**ss** sein!
11. Es i**st** noch kein Mei**st**er vom Himmel gefallen.
12. Glück und Gla**s**, wie leicht bricht da**s**!

65 Ein Schlo**ss**gespenst auf Rei**s**en

E**s** war einmal ein Schlo**ss**gespenst namen**s** Simon Grusel. Es ging noch zur Gespensterschule, die aber seit acht Wochen geschlo**ss**en war. Es waren nämlich Ferien. Diese dauerten Simon aber schon zu lange. Er vermi**ss**te seine Freunde und au**ß**erdem langweilte er sich fa**s**t zu Tode. Ins elterliche Schlo**ss**, das zu einer Frühstückspension umgebaut worden war, hatte sich schon lange kein Ga**s**t mehr verirrt, den man in der Nacht hätte erschrecken können.

So bat Grusel junior seine Eltern um Erlaubni**s**, seinen Gro**ß**vater zu besuchen. Schnell war alles besprochen und so konnte die Rei**s**e lo**s**gehen. Wohin? In die Hauptstadt des Lande**s**! Wie konnte einem dort langweilig werden? Gro**ß**vater Grusel trieb am Hauptbahnhof allabendlich bei den Schlie**ß**fächern sein Unwe**s**en. Mit Vorliebe erschreckte er Menschen, die abend**s** noch schnell dort ihr Gepäck verstauten.

Nun brachte der Besuch Simon zwei Vorteile: Er sah ersten**s** seinen lieb**s**ten Verwandten endlich wieder und bekämpfte zweiten**s** seine Langeweile. Aber es gab noch einen dritten Vorteil. Unser junges Gespenst hatte im Zeugni**s** im Fach „Erschrecken von Menschen“ nur ein Befriedigend bekommen. Ansonsten hatte Simon nur Einser und Zweier. Das durfte im nächsten Schuljahr nicht mehr pa**ss**ieren! Mit seinem Gro**ß**vater wollte er nun brav üben, war der doch Mei**s**ter dieses Faches. Das wu**ss**te Simon nur allzu gut. Kein Gespenst konnte sich be**ss**er heimlich anpirschen und dann plötzlich lo**s**heulen als er, keiner konnte durch seinen schaurigen Gesang eine schlimmere Gän**s**ehaut hervorrufen als er und keiner konnte den Leuten die Haare schlimmer zu Berge stehen la**ss**en als er! Und wirklich! Simon wurde von Tag zu Tag be**ss**er, vor allem erhielt er viele wertvolle Tipps. Das Erschrecken der Leute bereitete ihm immer mehr Genu**ss** – den Menschen allerdings weniger. Die ergriffen mei**s**t Hals über Kopf die Flucht. Das war Gro**ß**vater und Enkel Grusel allerdings egal – schlie**ß**lich waren sie doch Gespenster und hatten miteinander Spa**ß**. Au**ß**erdem ging es um Simons nächstjährige Zeugni**s**note.

Aber wie alles Schöne einmal zu Ende geht, so kam auch für Enkel Grusel der Tag des Abschieds. Die Gespensterschule sollte wieder beginnen. Mit herzlichen Grü**ß**en an seine Eltern, ein paar Tränen in den Augen, aber guter Dinge, was das kommende Schuljahr betraf, kehrte er wieder heim. Er versprach, in den nächsten Ferien wiederzukommen.

---

66 köstliche Nusskipferl, laut niesen, er las fließend, die Straße überqueren, interessante Versuche, eine Lösung finden, ein blasses Kind, Fußball spielen

---

67 Wechseln mu**ss** man na**ss**e Socken, werden sonst lange nicht mehr trocken.
Sitzt im Bu**s** ein Rie**s**e, flüchte auf die näch**s**te Wie**s**e!
Blä**s**t der Wind so durch die Ga**ss**en, versuche einen Pa**ss** zu fa**ss**en!
Dreht die Lau**s** sich wild im Krei**s**, wird ihr unerme**ss**lich hei**ß**.
Schläf**s**t du gut auf deinem Ki**ss**en, wirst den Gei**s**t du nicht vermi**ss**en.
Grü**ß**t du mit dem Elefantenrü**ss**el, sau**s**t herbei die Frau mit einer Schü**ss**el.

68
1. Das Buch, das auf dem Nachtkästchen liegt, gehört meiner Mutter.
2. Das kleine Gartenhäuschen, das seit kurzem in unserem Garten steht, hat mein Vater ausgesucht.

3. Das Mädchen, das neu in unserer Klasse ist, trägt den Namen Veronika.
4. Das Fahrrad, das ich mir zum Geburtstag wünsche, soll mindestens zehn Gänge haben.
5. Das Geschenk, das unter dem Christbaum liegt, gehört mir und meinem Bruder.
6. Meine Eltern haben ein altes Haus gekauft, das mehrere Jahre unbewohnt war.
7. Thomas zeigt seinem Freund sein neues Spielzeugauto, das er von seinem Taufpaten bekommen hat.
8. Jasmin möchte ihr Skateboard, das bereits drei Jahre alt ist, verkaufen.

---

69 Peter berichtet stolz, dass er einen Einser auf die Schularbeit bekommen hat.
Meine kleine Schwester verspricht, dass sie in Zukunft beim Überqueren der Straße besser Acht gibt.
Hanna glaubt, dass sie nächste Woche wieder gesund sein wird.
Die Polizei vermutet, dass mindestens zwei Verbrecher den Einbruch verübt haben.
Die Pfadfinder hoffen, dass sie viel Geld bei ihrem Flohmarkt einnehmen werden.
Den Fahrgästen wird mitgeteilt, dass der Zug nach Wien heute auf Gleis fünf einfährt.
Die Schüler der 1 c wünschen sich, dass sie im Juni mit ihrem Lehrer auf Wandertag gehen.
Meine Freundin verspricht mir, dass sie mich heute Nachmittag besuchen kommt.

70

1. Es freut mich außerordentlich, <u>dass</u> du mich zum Konzert begleitest.
2. Das T-Shirt, <u>das</u> du trägst, passt dir ausgesprochen gut.
3. <u>Dass</u> die Sommerferien nicht mehr weit sind, freut nicht nur mich.
4. „Auf <u>das</u> Abendprogramm bin ich schon gespannt“, meinte ein Junge am letzten Tag des Pfadfinderlagers.
5. Dummerweise hatte sie vergessen, <u>dass</u> sie schon um acht Uhr zu Hause hätte sein müssen.
6. „Zähle <u>das</u> Geld bitte nach!“, bat Daniela ihre Sitznachbarin.
7. <u>Das</u> Haus, <u>das</u> am Ende der Straße steht, ist unseres.
8. Niemand hatte gewusst, <u>dass</u> er im Lotto gewonnen hatte.
9. Jenny heißt <u>das</u> Pferd, mit dem Barbara am liebsten ausreitet.
10. Die Nachrichtensprecherin teilte mit, <u>dass</u> viel Geld für die Aktion „Licht ins Dunkel“ gespendet wurde.

71

1. Ich habe dir doch gesagt, <u>dass</u> du <u>das</u> Buch mitnehmen sollst!
2. <u>Das</u> ist <u>das</u> Kind, <u>das</u> gestern im Fernsehen aufgetreten ist.
3. Wir hoffen, <u>dass</u> wir <u>das</u> Paket heute noch erhalten.
4. Meine Mutter bezweifelt nicht, <u>dass</u> <u>das</u> wahr ist.
5. <u>Das</u> Schönste an den Ferien ist, <u>dass</u> wir in der Früh nicht zeitig aufstehen müssen.
6. <u>Das</u> ist <u>das</u> Lineal, <u>das</u> der Schüler gestern verzweifelt gesucht hat.
7. Wir gehen an dem Geschäft vorbei, <u>das</u> meiner Tante gehört.
8. <u>Dass</u> Simone eine gute Schwimmerin ist, <u>das</u> weiß jeder in unserer Klasse.
9. Wir freuen uns darüber, <u>dass</u> uns unsere Tante besuchen kommt.
10. <u>Das</u> Kätzchen, <u>das</u> uns gestern zugelaufen ist, gehört einer älteren Dame in unserer Gasse.

72 Mein Skateboard

Das ist das Skateboard, das ich von meinem Onkel zum Namenstag geschenkt bekommen habe. Dass es das tollste Geschenk ist, das ich seit langem erhalten habe, das brauche ich euch wohl nicht zu sagen. Meine beiden jüngeren Geschwister beneiden mich etwas darum. Für mich ist es aber selbstverständlich, dass ich sie auch ab und zu damit fahren lasse. Das schwierigste Kunststück, das ich bis jetzt beherrsche, ist, über eine Rampe zu springen. Das hat mir mein bester Freund Bernhard vor kurzem beigebracht. Dass ich vorhabe, noch viele weitere Kunststücke zu lernen, das ist klar. Schließlich möchte ich doch bald eine gute Figur im Skaterpark machen.

---

73 Das verhexte Lesebuch

Das ist das Lesebuch, das wir im Deutsch-Unterricht verwenden. Dass es aber kein gewöhnliches Lesebuch ist, das ist mir vor einiger Zeit aufgefallen. „Das ist bestimmt verhext, das sage ich dir!“, habe ich unlängst zu meiner Mutter gesagt. Das glaubte sie mir aber nicht. Ich bin aber ziemlich sicher, dass ich Recht habe. Das Eigenartigste am Lesebuch ist nämlich, dass es manchmal aus der Schultasche verschwindet, obwohl ich es zu Hause für die Schule eingepackt habe. Das hat dann zur Folge, dass mich meine Lehrerin zurechtweist, weil ich es vergessen habe. Sage ich ihr aber, dass ich es sicher eingepackt habe, meint sie: „Das nehme ich dir nicht ab, das kannst du jemand anderem erzählen!“ Das finde ich unfair. Außerdem geht mein Lesebuch anscheinend gerne auf Reisen. Schon mehrmals ist es vorgekommen, dass es im Rucksack meiner Freundin verschwunden ist. Sie hat es mir jedes Mal kopfschüttelnd mit dem Kommentar zurückgegeben: „Das kann ich mir nicht erklären!“ Auch ich konnte das nicht. Bis jetzt ist es aber Gott sei Dank immer wieder aufgetaucht. Ich hoffe, dass das so bleibt.
Hast du eigentlich auch so ein eigentümliches Lesebuch, dass du dich fragst, ob es verhext ist?

74

1. **Dass** Peter viel für den Geografie-Test gelernt hat, **das** kann seine Mutter bestätigen.
2. Es freut uns sehr, **dass** du **das** Wochenende bei uns genossen hast.
3. **Das** ist **das** Bild, **das** morgen versteigert werden soll.
4. Die Mutter läuft schnell ins Haus, denn sie hört **das** Baby schreien.
5. **Das** ist **das** Fotoalbum, **das** ich schon so lange gesucht habe.
6. „Ich glaube nicht, **dass** sich **das** Wetter ändern wird“, meint der erfahrene Bergführer.

75

oo: das Moor, das Moos, das Boot, der Zoo
aa: der Saal, der Aal, das Paar, die Saat, der Staat, das Aas, das Haar, die Waage

S	H	W	S	U	A	H
A	P	A	A	R	A	A
A	M	A	A	X	S	A
L	O	G	T	V	B	R
A	O	E	M	O	O	S
A	R	X	B	Z	O	O
L	S	T	A	A	T	K

76 das Blumenbeet, die Märchenfee, die Kastanienallee, der Schneefall, die Kaffeekanne, die Speerspitze, die Seerose, das Erdäpfelpüree, die Stachelbeere, der Teebeutel

77

		A	R	M	E	E		
				H	E	E	R	
			I	D	E	E		
			K	L	E	E		
				L	E	E	R	E
				M	E	E	R	
M	O	S	C	H	E	E		
				T	E	E	R	

78

1. Wir brauchten noch ein paar Kastanien, um weiterbasteln zu können.
2. Wer von euch will das letzte Paar Würstel essen?
3. Stelle bitte dein neues Paar Schuhe in den Kasten! Hier ist es im Weg!
4. Seit ein paar Tagen ist der Straßentunnel gesperrt.
5. „Bitte das erste Paar an den Start! Es geht in einer Minute los!“, verkündete der Turnlehrer.
6. Nur ein paar Leute waren zum Vortrag des Arztes in das Stadtzentrum gekommen.
7. In meinem Sparschwein befinden sich ein paar Euro-Münzen.
8. Die Teilnehmer des Kurses stellten sich zuerst paarweise hintereinander auf. Danach musste ein Paar nach dem anderen die Übung ausführen.

79

Nennform	**Mitvergangenheit**	**2. Mittelwort**
geschehen	geschah	geschehen
kehren	kehrte	gekehrt
stehlen	stahl	gestohlen
fehlen	fehlte	gefehlt
zahlen	zahlte	gezahlt
nehmen	nahm	genommen
fliehen	floh	geflohen
erfahren	erfuhr	erfahren
drehen	drehte	gedreht

80

Verb	**Nomen**	**Verb**	**Nomen**
ruhen	die Ruhe	wählen	die Wahl
belohnen	die Belohnung	gewöhnen	die Gewohnheit
erzählen	die Erzählung	zählen	die Zahl
vermehren	die Vermehrung	beruhigen	die Beruhigung
ermahnen	die Ermahnung	befehlen	der Befehl

Nomen	Verb	Nomen	Verb
das Benehmen	benehmen	das Gefühl	fühlen
das Gefährt	fahren	der Fernseher	fernsehen
die Ahnung	ahnen	die Berührung	berühren
der Verkehr	verkehren	die Kehrmaschine	kehren
die Wohnung	wohnen	die Zahlung	zahlen

81 **Nomen:** Zahl – Wahl; Sohn – Mohn; Kahn – Bahn; Sahne – Fahne
Verben: stehen – gehen; sehen – wehen; versöhnen – gewöhnen; ziehen – fliehen; blühen – glühen

82
1. Zum Konzert der Popgruppe kamen ungefähr 5000 Menschen.
2. Während der Film im Fernsehen lief, telefonierte sie mit ihrer Freundin.
3. Es ist wahrscheinlich, dass er uns am Wochenende besucht.
4. Die Kinder liefen fröhlich den Weg entlang.
5. Es wurde allmählich Abend, aber von ihm war immer noch nichts zu sehen.
6. Der Forscher kam der Giftschlange gefährlich nah.
7. Fabian hatte beinahe vergessen, dass am nächsten Tag Schularbeit war.

83
1. Mein Vater hat sich gestern beim Joggen leider verkühlt.
2. „Dieses Buch ist wirklich empfehlenswert. Es lohnt sich, es zu lesen", meinte die Lehrerin.
3. Die berühmt(e) Popsängerin machte für zwei Konzerte Station in Österreich.
4. Du kannst nicht abstreiten, dass du deinem Bruder sehr ähnlich siehst.
5. „Ich bin angenehm überrascht von deinem plötzlichen Ehrgeiz", lobte die Trainerin die Hockeyspielerin.
6. Niemand konnte sich erklären, wer zu dieser Tat fähig war.
7. Die Wanderer setzten sich auf die Bank und genossen die außergewöhnlich schöne Aussicht.

84
1. Der Aufstieg auf den Berg war sehr mühsam, aber wir schafften ihn alle.
2. Das zahm(e) Reh kam zum Zaun gelaufen und wollte von uns gefüttert werden.
3. Der ehrlich(e) Finder erhielt eine entsprechende Belohnung.
4. Da es meiner Schwester und mir so großen Spaß machte, sprangen wir unzählig(e) Male vom Dreimeterbrett im Freibad.
5. „Warum nur mache ich immer alles verkehrt?", fragte sich der kleine Kobold immer wieder.
6. Die Erfindung des Wissenschaftlers hat sich wirklich bewährt.
7. Unser Kastanienbaum im Garten wirkt sehr kahl, denn er hat bereits alle Blätter abgeworfen.

85
ah: Bahnhof, Rahmsuppe, Jahreszeit, Fahrschule
eh: Zehennagel, Gehstock, Lehmhaus, Kehrmaschine
oh: Flohzirkus, Bohnenkaffee, Ohrenschmerzen, Mohnstrudel
uh: Schuhband, Stuhllehne, Müllabfuhr, Uhrzeiger
äh: Nähmaschinen, Märchenerzähler, Streithähne, Kinderlähmung

öh: Tropfsteinhöhle, Höhepunkt, Föhrenwald, Luftröhre
üh: Hühnerstall, Theaterbühne, Frühstück, Mühlespiel

---

86 Lukas und Beate sind gute Freunde. In den letzten Sommerferien schickte sie ihm einmal eine E-Mail und fragte ihn, ob er mit ihr schwimmen gehen möchte. Er war begeistert und mailte sofort ein Ja zurück. Die beiden wollten sich um 13 Uhr 30 im Park treffen. Lukas war aber leider unpünktlich, weil er eine Reifenpanne hatte. Er hätte gerne Beate am Handy angerufen, sie hatte es aber nicht eingeschaltet. So beschloss sie nach 30 Minuten des Wartens ohne ihn in das Schwimmbad zu gehen. Sie war etwas böse auf Lukas, weil er nicht erschienen war. Zugleich machte sie sich aber Sorgen um ihn. Schließlich erschien er doch noch, in der Hand ein Eis als Entschuldigung für sein Zuspätkommen.

87

1. Der Wal ist das größte lebende Säugetier.
   Thomas kandidiert bei der Wahl zum Klassensprecher.
2. Ist das wirklich wahr, was du da sagst?
   War er gestern nicht auch schon krank?
3. Hol mir bitte einige Erdäpfel aus dem Keller!
   Schau, der Baum ist innen schon ganz hohl!
4. Peter stellt das Buch an seinen Platz zurück.
   Ich hoffe, niemand wird uns den Ball stehlen, während wir im Wasser sind.
5. Er kommt schon wieder zu spät in die Schule.
   Hast du ihn überhaupt schon gesehen?
6. Ich schenke ihm zum Geburtstag ein neues Computerspiel.
   Er hat seine Uhr im Turnsaal vergessen.

88

fliegen	gießen	Siegel
biegen	fließen	Ziegel
liegen	schießen	Riegel
siegen	sprießen	Spiegel
wiegen	schließen	Tiegel

89

	Verben		**Adjektive**
Fliege	fliegen	Sieg	siegreich
Sieb	sieben	Riese	riesig
Ziel	zielen	Gier	gierig
Diener	dienen	Friede	friedlich
Miete	mieten	Dieb	diebisch

90

1. Gestern hielt Manuel endlich sein Geografie-Referat.
2. Vor lauter Angst schrien die Kinder laut auf.
3. Das Mädchen rief laut nach seiner Mutter, wurde aber nicht von ihr gehört.
4. Alle Urlauber waren gut aufgelegt, weil die Sonne schien.
5. Mein Sitznachbar vermied es, sich zu Wort zu melden.
6. Behäbig stieg der Pfarrer die Kirchturmtreppe hoch.

7. Zum Glück wies mich mein Freund auf einen Fehler hin.
8. Schon lange schrieb er ihm keine E-Mails mehr.
9. Die Schüler froren in ihren Klassen, weil die Heizung ausgefallen war.

91

Operation	operieren	Gratulation	gratulieren
Buchstabe	buchstabieren	Telefon	telefonieren
Protest	protestieren	Training	trainieren
Friseur	frisieren	Reparatur	reparieren
Nummer	nummerieren	Probe	probieren
Musik	musizieren	Addition	addieren

92

1. Der Chirurg des Krankenhauses operierte mehrere Stunden lang.
2. Da ihr Name schwierig zu schreiben ist, buchstabierte sie ihn.
3. Ganz herzlich gratulierten alle Schülerinnen der Klasse ihrer Lehrerin zum Geburtstag.
4. Ohne an seine Handy-Rechnung zu denken, telefonierte er die ganze Bahnfahrt über mit seinem Freund.
5. Meine Mutter probierte im Modegeschäft viele verschiedene Hosen, keine gefiel ihr aber so richtig.
6. In der Garage reparierte er sein Fahrrad, dessen Lenker defekt war.
7. Einen Monat lang trainierte Ramona jeden Tag für die Aufnahmeprüfung in die Ballettschule.
8. Lauthals protestierten die Fans der Basketballmannschaft gegen die Entscheidung des Schiedsrichters.
9. Um die richtige Lösung zu erhalten, addierte die Schülerin die beiden Umfänge der Quadrate.
10. Judith nummerierte alle Fragen, die sie ihren Mitschülern nach dem Referat stellen wollte.

93

1. Krieg, 2. Dienstag, 3. Friedrich, 4. Fieber, 5. Sieger, 6. Riese, 7. Riechen, 8. Schielen, 9. Ziegel, 10. Bienen
Lösungswort: Radieschen

94

H**i**lfreiche T**i**pps

„W**ie** soll ich d**ie**s denn alles schaffen?“, r**ie**f Fr**i**tz verzweifelt aus. Für Geograf**ie**, Biolog**ie** und Engl**i**sch sollte er gleichzeitig lernen. Es standen eine W**ie**derholung, ein Test und eine Schularbeit auf dem Programm. Wieder einmal hatte er v**ie**l zu v**ie**l zusammenkommen lassen. Aber leider hatte **i**hm b**i**sher n**ie**mand erklärt, w**ie** er d**ie**s alles **i**n den Gr**i**ff bekommen sollte. „Warum aber schafft es Bernhard, mein Schulkollege und guter Freund?“, fragte er s**i**ch. **I**mmer schr**ie**b er gute Noten. Schnell setzte er s**i**ch an seinen Computer und sch**i**ckte **i**hm ein E-Mail m**i**t seinem H**i**lferuf.

Schon kurze Zeit später hatte **i**hm sein Freund zurückgemailt. Nach einigen aufmunternden Worten waren die folgenden s**ie**ben h**i**lfreichen Lernt**i**pps zu f**i**nden:

- W**ie**derhole den Lernstoff **i**n regelmäßigen Abständen!

- Lasse dir kleine Übungsdiktate diktieren und schreibe schwierige Vokabeln auf Karteikarten!
- Gestalte deine Hefte ordentlich und übersichtlich!
- Verschiebe dringende Arbeiten nicht auf den nächsten Tag!
- Entwirf einen Tages- und einen Wochenplan!
- Unterbrich deine Lerneinheiten und schiebe Pausen ein, in denen du aber nicht fernsiehst!
- Konzentriere dich beim Lernen und lasse dich durch nichts ablenken!

Ja, Bernhard war ein Genie! Fritz beschloss, diese Lernstrategien zu befolgen. Vielleicht hatte auch er damit Erfolg.

---

95 **Nomen:** Kilogramm, Sage, Tiger, Gabel, König, Biber, Thron, Schwan, Frage, Chor, Dose, Dom, Vogel, Ofen, Schabe
Verben: tragen, geben, loben, holen, weben, leben, traben, blasen, schonen, fragen, spüren, stören, gehören, sagen
Adjektive und andere Wortarten: rot, hervor, eben, neben, böse, bloß, klar, prima, trüb, schwer, unsichtbar, gemütlich

---

96 **Qu:** quaken, Qual, queren, quietschen, quälen, quieken
Sch: Schule, schonen, schön, Scherben, schmal, schnüren, schwül, schlagen
T: Ton, Titel, täglich, Tafel, Türglocke, Tugend, töten, tönen, tot, Tor, Träger

---

97 1.: das Benzin, das Kino, die Lawine, die Mandarine, die Maschine, die Medizin, die Sirene
2.: Mandarinenschale, Kinositz, Benzinkanister, Sirenengeheul, Maschinenschaden, Lawinenhang, Medizinmann

---

98 **a – ah – aa – ä – äh:** die Anzahl, der Turnsaal, der Tanzbär, das Pärchen, ein Paar Hausschuhe, waagrecht, zahlen/zählen, unwahrscheinlich, die Wahlrede, die Tastatur, ein paar Steine, die Ähnlichkeit, undankbar, die Gelsenplage, das Abendmahl
e – ee – eh: angenehm, der Umweg, ausleeren, die Lehrerin, die Seeschlange, der Gehstock, gewinnen, das Bundesheer, das Kamel, das Erdbeereis, gescheit, die Schönbrunner Allee, schwer, die Vermehrung, das Blumenbeet
o – oh – oo – ö – öh: er fror, der Föhrenwald, das Gewinnlos, die Lösung, die Losung, Lotto spielen, ungewöhnlich, die Bohnenstange, verlosen, trösten, die Versöhnung, moosgrün, verboten, der Bote des Königs, das Ruderboot, die Lohnerhöhung
u – uh – ü – üh: die Süßigkeit, mutig, der Schwur, zuschnüren, der Führerschein, die Wühlmaus, die Rosenblüte, blühen, die Urgroßmutter, das Uhrband, der Geschirrspüler, verglühen, die Güte, gut, die Zugfahrt
i – ih – ie – ieh: niemals, der Schmied, hilfreich, überwinden, sich anziehen, piepsen, ihre Schuhe, vielleicht, der Siebenschläfer, sie stieß, marschieren, der Benzintank, erfinden, paradiesisch, das Papier

---

99
1. Vor Beginn des Unterrichts stieß Simon mit seinem Freund zusammen.
2. Barbara brachte in die Schule ein paar ihrer schönsten Muscheln mit.
3. Meine Tante nahm mit Tränen in den Augen von uns am Flughafen Abschied.

4. „Siehst du den großen Storch, der dort über die Dächer fliegt?“, fragte mich Jennifer.
5. Wie gefährlich das Ganze gewesen war, stellte sich erst später heraus.
6. Mein kleiner Bruder trinkt gerne selbst gemachten Himbeersaft.
7. Ich möchte ohne meine beste Freundin nicht ins Kino gehen.

100

Einzahl	Mehrzahl	Einzahl	Mehrzahl
das Glas	die Gläser	der Kahn	die Kähne
der Gast	die Gäste	die Wand	die Wände
der Mann	die Männer	die Hand	die Hände
der Satz	die Sätze	die Gans	die Gänse
der Zahn	die Zähne	der Stall	die Ställe
das Land	die Länder	der Bach	die Bäche

101

zähmen	zahm	mäßig	Maß
ernähren	Nahrung	prächtig	Pracht
glänzen	Glanz	bärtig	Bart
wählen	Wahl	zärtlich	zart
schälen	Schale	Wärme	warm
quälen	Qual	Härte	hart
klären	klar	Stärke	stark

102

Verben	Nomen	Verben	Nomen
handeln	der Händler	pachten	der Pächter
tragen	der Träger	schlafen	der Schläfer
fangen	der Fänger	begraben	das Begräbnis
klagen	der Kläger	schlagen	der Schläger

---

103 fahren – du f**ä**hrst – er/sie/es f**ä**hrt; halten – du h**ä**ltst – er/sie/es h**ä**lt; waschen – du w**ä**sch(s)t – er/sie/es w**ä**scht; tragen – du tr**ä**gst – er/sie/es tr**ä**gt; backen – du b**ä**ckst – er/sie/es b**ä**ckt; fangen – du f**ä**ngst – er/sie/es f**ä**ngt; lassen – du l**ä**sst – er/sie/es l**ä**sst; graben – du gr**ä**bst – er/sie/es gr**ä**bt; wachsen – du w**ä**chst – er/sie/es w**ä**chst; schlafen – du schl**ä**fst – er/sie/es schl**ä**ft

---

104 gefährlich, männlich, sächlich, ängstlich, jämmerlich, überschwänglich, hässlich, käuflich

---

105 verw**e**nden, der St**ä**ngel, der K**äu**fer, beschw**e**rlich, z**äh**, das M**ä**rchen, vorw**ä**rts, verm**e**ngen, die S**e**ndung, erkl**ä**ren, das Gew**ä**chs, das Gel**ä**chter, das Gew**e**hr, die **E**ltern, die Verschw**e**ndung, das Ger**ä**t, das M**ä**dchen, g**e**stern, verd**e**rblich, ungef**ä**hr, gegenw**ä**rtig

---

106

1. Bring mir bitte den Rechen!
   „Für diese Missetat werde ich mich bitter rächen!“, meinte der Zwergenkönig.
2. Der Pfarrer beendete die Messe mit einem Segen.
   Mit verschiedenen Sägen wird der Holzstamm zerkleinert.

3. Die Lärche ist der einzige Nadelbaum, der im Winter seine Nadeln verliert.
   Hörst du, wie schön die Lerche singt?
4. „Es ist mir eine große Ehre, Sie in meiner Show begrüßen zu dürfen“, sagte der Moderator zum berühmten Schauspieler.
   An unserer Haustüre hängt ein Kranz gebunden aus Kornähren.

---

107 ausräumen – Raum, säuerlich – sauer, Fäulnis – faul, Träumer – Traum, schnäuzen – Schnauze, gräulich – grau, Gebäude – bauen, Bäuerin – Bauer, häuslich – Haus, läuten – laut, einzäunen – Zaun, Fräulein – Frau, gebräuchlich – Brauch

---

108

der Daumen	der Däumling	saufen	der Säufer
das Haupt	der Häuptling	glauben	die Gläubige
der Baum	das Bäumchen	taufen	der Täufer, der Täufling
der Schaum	schäumen	laufen	die Läuferin
der Traum	träumen	saugen	der Säugling

---

109 Er räusperte sich laut, bevor er zu sprechen begann. – Meine Katze spielt gerne mit dem Wollknäuel. – Von dem riesigen Tempel sind nur mehr wenige Säulen erhalten. – Kevin sträubt sich mit Händen und Füßen dagegen, mit seiner Tante einkaufen zu gehen.

---

110 f**eu**cht – die Br**äu**te – k**eu**chen – der Wiederk**äu**er – l**eu**chten – der R**äu**cherlachs – der R**äu**ber – d**eu**tlich – die B**eu**te – der Str**eu**zucker – die Schlangenh**äu**te – die Gartenstr**äu**cher – h**äu**fig – das Sch**eu**sal – der Fr**eu**nd – das F**eu**er – die R**eu**e

einen Sportler anf**eu**ern – ein t**eu**res Computerprogramm kaufen – das Gel**äu**te der Glocken vernehmen – einen wichtigen Termin vers**äu**men – eine getroffene Entscheidung nicht ber**eu**en – von einem erholsamen Urlaub tr**äu**men – ein verb**eu**lter Kotflügel – das Ungeh**eu**er von Loch Ness – den Saal r**äu**men – sich gegen H**eu**schnupfen impfen lassen – gemeinsam ein H**eu**rigenlokal besuchen – die Jugend von h**eu**te

ein l**eu**chtend roter Schianzug – eine Tat l**eu**gnen – ein blau**äu**giges Mädchen – ein kleines B**äu**mchen pflanzen – ein n**eu**nmalkluger Knabe – den Schmerz bet**äu**ben – einen wichtigen Z**eu**gen verhören – die Batterie des Walkmans ern**eu**ern – ein altes Gem**äu**er – die Nachmittagsbetr**eu**ung besuchen – große Geldvorräte anh**äu**fen

---

111 1. deuten, 2. heuer, 3. Abenteuer, 4. Zeugnis, 5. Scheune, 6. Euter, 7. Teufel, 8. Kreuzotter, 9. Eule, 10. Leute
Lösungswort: Du bist toll

---

112 das Verbr**e**chen, das R**ä**tsel, s**e**lig, das Gew**ä**chshaus, der Hundef**ä**nger, das M**ä**rchen, das S**e**gelboot, die Ober**ä**rztin, **ä**ngstlich, die **Ä**nderung

k**e**geln, die Hosenl**ä**nge, der S**e**gen, die Milchz**ä**hne, der Geldf**ä**lscher, die Bew**e**gung, der Ger**ä**teschuppen, die Erg**ä**nzung, tr**ä**nenreich, w**ä**hlerisch

113 das Kr**eu**z, das Fr**äu**lein, das H**äu**bchen, der Geldb**eu**tel, die Hundem**eu**te, **äu**ßerlich, die Gartenz**äu**ne, der L**eu**chtkäfer, k**äu**flich, die Bed**eu**tung

das M**äu**seloch, die St**eu**ererhöhung, die S**äu**le, gl**äu**big, die H**eu**ernte, die F**äu**lnisbakterien, die Sonnenbr**äu**ne, die Gasth**äu**ser, die Fr**eu**ndschaft, das Werkz**eu**g

---

114 **Nomen:** Fahrer, Fahne, Weizenfeld, Seife, Fischfang, Weinfass, Faschingskostüm, Feind, Sommerfest, Familie, Ferkel, Fieber, Fassung, Zitronenfalter
Verben: befragen, fluchen, fortschicken, fordern, fressen, freuen, fügen, befürworten, festschrauben, frieren, frisieren, fühlen, füttern
Adjektive und andere Wortarten: frühestens, fest, fällig, froh, fähig, füreinander, frech, frei, fromm, fünffach, frisch, falsch, fremd, flott, förderlich

---

115

1. Bevor sie sich für ein Spiel entschieden, diskutierten die vier Mädchen ausführlich darüber.
2. „Vielleicht bin ich wirklich mit ihm verwandt?", fragte sich der Waisenjunge.
3. „Das kommt davon, wenn man zu viel nascht", meint die Mutter, nachdem ihre Tochter über Bauchweh geklagt hat.
4. Die Wanderin war in ein schweres Gewitter gekommen und betrat völlig durchnässt die Hütte durch die vordere Tür.
5. „Selbstverständlich bekommst du die bessere Note! Du arbeitest ja immer brav im Unterricht mit", meinte die Professorin.
6. Vor der vollzählig versammelten Mannschaft hielt der Kapitän eine Rede.

116

Adjektive		**Nomen**	
breit	verbreitern	Brüder	verbrüdern
billig	verbilligen	Silber	versilbern
deutlich	verdeutlichen	Durst	verdursten
dunkel	verdunkeln	Ebbe	verebben
einsam	vereinsamen	Ehre	verehren
schön	verschöne(r)n	Einheit	vereinheitlichen
schlecht	verschlechtern	Erbe	vererben
öffentlich	veröffentlichen	Schmutz	verschmutzen
lieb	verlieben	Salz	versalzen
kurz	verkürzen	Menge	vermengen
sicher	versichern	Bau	verbauen

117

Abendprogramm	das Vorabendprogramm	antreiben	vorantreiben
anmelden	voranmelden	Dach	das Vordach
liegen	vorliegen	bohren	vorbohren
Schlag	vorschlagen/der Vorschlag	schreiben	vorschreiben
Jahr	das Vorjahr	Bau	der Vorbau
gehen	vorgehen	gestern	vorgestern
führen	vorführen	sehen	vorsehen
beugen	vorbeugen	Schrift	die Vorschrift
Arbeiterin	die Vorarbeiterin	Garten	der Vorgarten
Besitzer	der Vorbesitzer	Mittag	der Vormittag

118 1. Violine, 2. November, 3. Klavier, 4. Advent, 5. Sklave, 6. Vokal, 7. Vitrine, 8. Vers, 9. Vulkan, 10. Proviant, 11. Villa, 12. Vitamin, 13. Detektiv, 14. Virus

---

119 der Veilchenstrauß, die Kurvenlage, die Insektenlarve, das Vaterland, der Vogelkäfig, der Fußballverein, der Klassenvorstand, die Volksschule, das Federvieh, das Versandhaus, das Rauchverbot, die Viertelstunde, der Getreidevorrat, der Fluchtversuch

---

120

1. Veronika hat leider den Bogen für ihre Violine zu Hause vergessen.
2. Im November ist es meist schon sehr kalt und oft nebelig.
3. Das Klavier, auf dem er spielte, war ziemlich verstimmt.
4. Der Advent, so sagt man, ist die stillste Zeit im Jahr.
5. Gegen die schlechte Behandlung versuchten sich die Sklaven zu wehren.
6. Wird der Vokal kurz oder lang ausgesprochen?
7. „Stell das Kaffeegeschirr wieder zurück in die Vitrine!“, fordert Julia ihren Bruder Patrick auf.
8. Beim Aufsagen des Gedichtes fiel ihm plötzlich der dritte Vers der zweiten Strophe nicht ein.
9. Seit gestern speit der Vulkan wieder Feuer.
10. „Hast du auch genug Proviant eingepackt?“, fragte ich ihn.
11. Meine Großmutter hat lange in dieser schönen Villa gewohnt.
12. Will man viel Vitamin C zu sich nehmen, dann empfiehlt es sich, Orangen zu essen.
13. Mein Cousin macht gerade eine Ausbildung zum Detektiv.
14. Welches Virus die Krankheit auslöst, konnte bis jetzt noch nicht herausgefunden werden.

---

121 Vanillepudding, Wollpullover, Olivenöl, Vokabelheft, Lokomotivführer, Kopfwehpulver, Blumenvase, Fahrradventil, Konservendose, Videorekorder

---

122

ein riesiger Ele**f**ant
eine neue **F**olge einer **F**ernsehserie
el**f** Uhr am Abend
ein bra**v**es und **f**olgsames Mädchen
ein **v**ioletter Jogginganzug
sein Bestes **v**ersuchen
eine **v**erletzte **F**erse
eine bekannte **F**abel nacherzählen
auf **V**orrat einkau**f**en
mehrere un**v**erständliche **F**ragen
eine **v**ornehme Dame
den **V**erstand **v**erlieren
eine **F**rist **v**erstreichen lassen
den **V**orfall **v**erschweigen
häu**f**ig **f**ür Au**f**regung sorgen
den O**f**en einheizen
ner**v**ös au**f** und ab gehen
ein **v**itaminreiches Getränk
sein Auto pri**v**at **v**erkau**f**en
frischen **F**isch **f**angen

123

1. Der Detekti**v** löste den schwierigen **F**all durch seine her**v**orragende Kombinationsgabe.
2. Schon seit einiger Zeit bin ich mit der **V**orspeise **f**ertig.
3. Er arbeitet immer sehr akti**v** im Unterricht mit und ist das **V**orbild **v**ieler seiner Klassenkollegen.

4. Ihr ge**f**ielen die **V**erse des Gedichtes nicht, außerdem bezwei**f**elte sie, dass er sie selbst **v**erfasst hatte.
5. „Morgen werden wir die Gruppenarbeit **f**ortsetzen!“, in**f**ormierte die Lehrerin ihre Schüler.
6. Leider **f**iel die schöne **V**ase zu Boden und zersprang in **v**iele Stücke.
7. Beim **V**orspielabend der Musikschule trat auch ein Quartett, bestehend aus zwei Kla**v**ier- und zwei **V**iolinspielerinnen, auf.
8. Die Skla**v**en lie**f**en zusammen und **v**ersuchten sich zu **v**erteidigen.
9. Ein Sprichwort lautet: „**V**iele Köche **v**erderben den Brei.“
10. „Das ist wirklich ein **f**abelhafter Ein**f**all“, rie**f** sie begeistert

---

124 Läu-fer, he-ben, Steu-er, we-cken, Ta-sche, rei-ßen, Sumpf, Be-grü-ßung, ka-tho-lisch, Ofen, mei-nen, wei-nen, ma-chen, Sa-chen, Hei-mat, Ei-er, schrei-ben, Lü-cke, Hei-zung, Bau-er, ke-geln, rasch, Bru-der, Schwes-ter, Ge-duld, Fah-ne, Ru-ine/ Rui-ne, Ahorn

---

125 wun-dern, le-ben-dig, Mut-ter, Schnup-fen, be-dank-te, täg-lich, knusp-rig, be-wir-ken, or-dent-lich, Samm-lung, Com-pu-ter, Kör-per, wink-te, schwitz-te, Man-tel, Lam-pe, pump-te, press-te, Fens-ter, ges-tern, jähr-lich, Som-mer, zit-tern, Fin-ger, Zäpf-chen

---

126 Be-geg-nung, Ge-würz, zu-sam-men, an-ge-nehm, un-zu-läs-sig, an-stren-gend, Ver-letz-ter, Auf-ent-halt, ver-ur-sa-chen, Auf-re-gung, mit-kom-men, be-ant-wor-ten, Zu-frie-den-heit, Un-si-cher-heit, kon-trol-lie-ren, Aben-teu-er, zu-ei-nan-der/zu-ein-an-der, be-fürch-ten, ab-schnei-den, Un-ter-richt, hei-ra-ten, Kom-man-dant, La-ter-ne

---

127 Bilder-rahmen, Mantel-tasche, miss-fallen, Bild-schirm, zusammen-halten, Süß-stoff, Küchen-tisch, Theater-aufführung, Spiel-film, weg-werfen, Fuß-boden, Schnell-straße, Werkzeug-koffer, Schul-tasche, Bücher-regal, Schi-lift, Sessel-lehne, Telefon-hörer, hinunter-gehen, Schließ-fach

---

128 1. Biblio-thek, 2. Früh-ling, 3. Ruck-sack, 4. Lun-ge, 5. Zei-tung, 6. Mär-chen, 7. lei-se, 8. Kaf-fee, 9. Fe-rien

---

129 ver-zei-hen, Meis-ter, Bü-cher, Mann-schaft, me-ckern, schimp-fen, An-ten-ne

Zu-kunft, Ge-schäft, Pro-phet, Sup-pe, Un-glück, Dau-men, bei-ßen

---

130 Wan-de-rung, Wirt-schaft, Mes-se, Weih-nach-ten, be-han-deln, Zu-frie-den-heit, Stun-den-plan, ge-frä-ßig, männ-lich, Haus-tier

ver-gnüg-te, ver-miss-te, Tür-schloss, spa-zie-ren, Auto-ren-nen, Min-der-heit, er-zäh-len, Ge-schich-te, Zu-cker, be-zwei-feln

---

131
1. In meinem Bücherregal stehen Bücher von Christine Nöstlinger**,** Franz Sales Sklenitzka**,** Christoph Mauz und Franz Thorwartl.
2. Mein Vater spielt Klavier**,** meine Mutter Geige**,** meine Schwester Blockflöte und ich Gitarre. Zusammen sind wir ein kleines Orchester.

3. Silvia muss heute noch Vokabeln lernen, die Englisch-Hausübung machen, eine Zeichnung fertigstellen und ein kurzes Gedicht auswendig lernen.
4. Petras Hund winselte, lief danach dreimal um unseren Tisch und schlief schließlich ein.
5. Turnen, Mathematik und Zeichnen sind die Lieblingsfächer meines Cousins.
6. Der Trainer sagt: „Zuerst wärmt ihr euch auf, dann teste ich eure Geschicklichkeit mit dem Ball und zum Abschluss machen wir ein Match."
7. Das kleine, grüne, laut plappernde Monster stapfte durch den Schnee.
8. Meine Schwester ist eine tolle Sportlerin. Sie fährt gut Schi, schwimmt wie ein Fisch, läuft wie der Blitz und spielt exzellent Tennis.

132

1. Der Bürgermeister der Stadt meint: „Wir müssen uns wieder mehr für den Umweltschutz einsetzen."
2. „Hast du denn das wirklich nicht gewusst?", fragte ihn seine Tante erstaunt.
3. „Nie wieder", beteuert der Junge, „gehe ich alleine in dieses verfallene Haus."
4. „Haltet den Dieb!", schrie der Besitzer des Geschäftes laut.
5. Kaum hörbar flüstert er seinem Freund zu: „Ich glaube, dort steht jemand."
6. „Ich glaube nicht", erwidert die Schulkollegin meiner Schwester, „dass ich das Mathematik-Beispiel lösen kann."
7. „Sitz!", befiehlt das Herrchen seinem Hund.
8. „Kaum war er verschwunden", erzählt der Zwerg, „tauchte plötzlich ein sprechendes Reh auf."

133

Froschkönig

Die Königstochter warf die Tür schnell zu. Danach setzte sie sich aufgeregt an den Tisch. Der König bemerkte ihre Unruhe und fragte: „Mein Kind, warum fürchtest du dich? Sitzt denn ein Riese vor der Tür?" „Ach nein", antwortete die Tochter, „es ist ein garstiger Frosch." „Was will er von dir?", wollte der Vater daraufhin wissen.

Der Wolf und die sieben Geißlein

Nicht lange dauerte es, da klopfte es an der Haustür. Jemand rief: „Macht auf, ihr lieben Kinder, eure Mutter ist da und hat jedem von euch etwas Hübsches mitgebracht!" Aber die Geißlein hörten an der rauen Stimme, dass es der Wolf war. „Wir machen nicht auf", riefen sie, „du bist nicht unsere Mutter, du bist der Wolf!"

Hans im Glück

„Weißt du was", meinte der Reiter, „wir wollen tauschen! Ich gebe dir mein Pferd und du gibst mir deinen Klumpen Gold." „Einverstanden", antwortete Hans, „aber du musst dich sicher damit abschleppen."

Die Bremer Stadmusikanten

Der Esel näherte sich dem Fenster und schaute hinein. „Was siehst du?", fragte der Hahn. „Einen reichlich gedeckten Tisch, um den Räuber sitzen", antwortete der Esel, „das sehe ich." „Das wäre etwas für uns", meinte daraufhin der Hahn.

134 1. Vor unserem Haus stehen zwei rote, ein grünes, ein blaues und ein schwarzes Auto.
2. Unser Nachbar kommt aus dem Haus, grüßt, zieht seinen Hut und geht schnellen Schrittes weiter.
3. Thomas, Sabine, Walter und Bettina haben einen Einser auf die Mathematik-Schularbeit bekommen.
4. Die Mutter bittet ihre Tochter: „Bitte hole mir Zucker, Mehl, Eier und Butter aus dem Supermarkt. Ich brauche diese Zutaten für einen Kuchen."
5. In der Früh steht Melanie zeitig auf, duscht rasch, frühstückt hastig, versorgt schnell ihr Meerschweinchen und hetzt zum Bahnhof.
6. Meine Tante spricht fließend Englisch, Französisch, Spanisch und Italienisch.

---

135 **Dornröschen**

„Guten Tag, du altes Mütterchen", sprach die Königstochter, „was machst du da?" „Ich spinne", gab die Alte zur Antwort. „Was ist das für ein Ding, das sich so lustig bewegt?", wollte das Mädchen danach wissen. Es nahm die Spindel und hatte auch vor zu spinnen.

Schneewittchen

Sie schaute zum Fenster hinaus und fragte: „Guten Tag, liebe Frau, was habt Ihr zu verkaufen?" „Gute, schöne Ware", antwortete sie, „Gürtel in allen Farben." Sie holte einen bunten Gürtel hervor. „Die ehrliche Frau kann ich sicher hereinlassen", dachte das Mädchen, öffnete die Tür und kaufte den hübschen Gürtel. „Kind", sprach die Alte, „wie du aussiehst. Ich werde dir den Gürtel anlegen."

Rumpelstilzchen

Wieder war die Müllerstochter alleine. Da erschien das Männlein zum dritten Male. Es fragte das Mädchen: „Was gibst du mir, wenn ich dir auch dieses Mal das Stroh zu Gold spinne?" „Ich habe nichts mehr, das ich dir geben könnte", antwortete das Mädchen. „Versprich mir, wenn du Königin wirst, dein erstes Kind", schlug das Männlein vor. „Wer weiß, wie das alles noch enden wird", murmelte die Müllerstochter leise vor sich hin und nahm den Vorschlag an.

---

136 **Der sprechende Fisch**

1. Abschnitt: 8 Fehler

Zeile 3: **In** dieser Stadt …
Zeile 8: Lukas fühlte sich sehr **wohl** in der Klasse.
Zeile 10: … **Noten** in Mathematik.
Zeile 11: … **Leistungen** immer schlechter.
Zeile 14: … weil er der **Geschickteste**, …
Zeile 15: … **Wendigste** und **Schnellste** war.
Zeile 18: … **Eltern** erwarteten, …

Rechtschreibregeln, gegen die verstoßen wurde:

- Am Beginn eines Satzes schreibt man immer **groß**.
- **Nomen** (**Namenwörter**) werden immer **groß**geschrieben. Man erkennt sie unter anderem auch an den Nachsilben, wie zum Beispiel -heit, -keit, -nis, -ung, -keit …

- Adjektive (**Eigenschaftswörter**) schreibt man in der Regel **klein**. Groß schreibt man sie nur, wenn sie wie ein **Nomen** (**Namenwort**) gebraucht werden. Man erkennt das daran, dass sich zum Beispiel ein Artikel auf das **Adjektiv** bezieht.

2. Abschnitt: 6 Fehler

Zeile 3: ...deshalb **beschloss** er ...
Zeile 7: ... und sprach: „**Grüß** dich, Lukas!
Zeile 9: ... das Tier **wirklich** geredet?
Zeile 11: ... er hatte nicht **geträumt**, ...
Zeile 17: ... darf ich einem **Schüler** helfen, ...
Zeile 19: ... Goldfisch **ließ** diese Antwort ...

Rechtschreibregeln, gegen die verstoßen wurde:

- ß steht nur nach **lang** gesprochenem Vokal (**Selbstlaut**).
- ss steht nur nach **kurz** gesprochenem **Vokal** (**Selbstlaut**).
- Nach l, m, n, r, das merk dir ja, steht nie **tz** und nie **ck**!
- Ein Wort wird mit **äu** geschrieben, wenn sich der Umlaut von einem au ableiten lässt.
- Wörter, die mit Qu, Sch oder T **beginnen**, verzichten auf ein Dehnungs-h im Wortinneren.

3. Abschnitt: 7 Fehler

Zeile 1: ... wie es **das** Tier gesagt ...
Zeile 11: ... auf Lukas **eifersüchtig** geworden.
Zeile 13: Er vermutete, **dass** nicht alles ...
Zeile 18: **Das** durfte doch nicht ...
Zeile 21: ... **du** Betrüger! So also kommst **du** zu **deinen** tollen Noten!

Rechtschreibregeln, gegen die verstoßen wurde:

- Wenn man statt das „dieses“, „dies“, „es“ oder „welches“ sagen bzw. einsetzen kann, schreibt man **das**.
- Wenn man weder „dieses“, „dies“, „es“ oder „welches“ sagen bzw. einsetzen kann, schreibt man **dass**.
- Die vertrauliche **Anrede** (du, dir, dein, euch, euer ...) wird immer **klein**geschrieben.

4. Abschnitt: 6 Fehler

Zeile 6: ... auch **erklärt**, wie ...
Zeile 7: ... mathematisches **Verständnis** entwickelt ...
Zeile 9: ... wenn er ihm ans **Herz** gewachsen war, ...
Zeile 12: ... konnte aber nichts **Verdächtiges** ...
Zeile 14: ... Schularbeitsbeispiele **bekannt** gibt, ...
Zeile 18: Auch heute noch **hoffen** manche ...

Rechtschreibregeln, gegen die verstoßen wurde:

- Ein Wort wird mit ä geschrieben, wenn sich der Umlaut von einem **a** ableiten lässt.
- Nach **kurz** gesprochenem Vokal (Selbstlaut) steht fast immer Doppel**konsonant** (**Doppelmitlaut**). Es erfolgt keine Verdoppelung, wenn ein zweiter Konsonant folgt.
- Nach unbestimmten **Zahlwörtern** wie alles, etwas, nichts, wenig, viel usw. schreibt man **Adjektive** (**Eigenschaftswörter**) groß.
- Nach l, m, n, r, das merk dir ja, steht nie **tz** und nie **ck**!